Caritas international

Barmherzigkeit braucht Qualität

Möglichkeiten und Grenzen der humanitären Hilfe

caritas international – brennpunkte

D1664246

Lambertus

Herausgeber
der Reihe caritas international – brennpunkte:

Caritas international
Karlstraße 40
D-79104 Freiburg i. Br.
www.caritas-international.de

Redaktion: Achim Reinke

ISBN-13: 978-3-7841-1667-9

Bibliografische Information Der Deutschen Bibliothek

Die Deutsche Bibliothek verzeichnet diese Publikation in der
Deutschen Nationalbibliografie; detaillierte bibliografische Daten
sind im Internet über http://dnb.ddb.de abrufbar.

Inhalt

Vorwort

Seit Ende des Zweiten Weltkrieges haben über 200 Gewaltkonflikte statt-gefunden. Auch heute werden zahllose Konflikte mit Waffengewalt aus-getragen, werden Menschen vertrieben oder ermordet. Doch die meisten Kriege finden weit weg von Deutschland statt. Ein Leben in Frieden und Sicherheit ist bei uns heute fast selbstverständlich. Was Krieg für die be-troffenen Menschen wirklich bedeutet, zu welchen humanitären Tragö-dien Gewaltkonflikte führen, können wir kaum noch ermessen.

Europa kennt die Folgen von Überschwemmungen, Erdbeben oder Vul-kanausbrüchen. Doch es sind die Katastrophen in den armen Ländern des Südens, welche zu unbeschreiblicher humanitärer Not führen. Nicht nur dramatische Ereignisse wie das Seebeben von Asien oder das Erd-beben in Pakistan, sondern vor allem auch die „schleichenden" Kata-strophen: Millionen Menschen verhungern jährlich in Afrika, jahrelan-ge Dürre vernichtet die Landwirtschaft in ganzen Regionen und zwingt Hunderttausende zur Flucht.

Eine Antwort auf das unbeschreibliche Leid, das solche Krisen verursa-chen, ist die humanitäre Hilfe. Sie rettet Menschen, hilft ihnen beim Wiederaufbau ihrer Existenz und versucht, den Notleidenden Hoffnung in die Zukunft zu geben. In mehr als 160 Ländern weltweit leistet die Caritas diese Hilfe aus einer christlichen Verantwortung heraus. Ge-meinsam mit anderen nichtstaatlichen und staatlichen humanitären Or-ganisationen arbeitet die Caritas vor Ort, um die schlimmste Not abzu-wenden. Aber: Humanitäre Hilfe kann nur eine der Ebenen einer huma-nitär ausgerichteten Politik sein. Von den Akteuren der humanitären Hilfe darf nicht verlangt werden, was die Politik nicht zustande gebracht hat. Umgekehrt ist Politik auch kein Ersatz für dringend benötigte hu-manitäre Hilfe. Die Not- und Überlebenshilfe während eines Krieges oder einer Katastrophe ist das eine, die Bewältigung der langfristigen Krisenfolgen das andere. Kriege und Katastrophen werfen ein Land um Jahrzehnte zurück. Humanitäre Hilfe überzeugt daher nur, wenn die in-ternationale Gemeinschaft parallel dazu politische Anstrengungen un-ternimmt, um die Ursachen der Krisen zu beseitigen, Armut, Ausbeu-tung und Umweltzerstörung von Grund auf zu bekämpfen.

Das Umfeld der humanitären Hilfe ist in den letzten Jahren immer schwieriger geworden. Humanitäre Organisationen müssen sich zahlreichen Herausforderungen stellen, sich in Spannungsfeldern bewegen: Sie sind den Risiken der Instrumentalisierung und Politisierung ausgesetzt, sie laufen Gefahr, unbeabsichtigt schädliche Nebeneffekte zu erzeugen, sie sehen sich im Feld mit Militärs konfrontiert, die selbst humanitäre Ambitionen hegen.

Solche Herausforderungen machen deutlich, wie komplex und schwierig die humanitären Aufgaben für eine Organisation wie Caritas international in Krisen- und Katastrophenregionen sind. Die vorliegende Publikation des Hilfswerkes der deutschen Caritas versteht sich als eine mögliche Antwort auf die offenen Fragen der humanitären Hilfe, als Beitrag zu einer Diskussion, die national und international zwischen den verschiedenen staatlichen und nichtstaatlichen Akteuren geführt werden muss.

Msgr. Dr. Peter Neher
Präsident Deutscher Caritasverband

Dr. Oliver Müller
Leiter Caritas international

Einleitung

„Gute humanitäre Praxis gründet auf der Einsicht, dass nicht alles vorauszusehen, nicht jedes Problem zu lösen, nicht alles in den Griff zu kriegen ist. Aber man hilft trotzdem – einfach, weil es richtig ist zu helfen." (Bryans, Jones, Gross Stein, 1999, S. 4)

Nie zuvor waren sich wohl so viele Leute einig, dass es „einfach richtig ist zu helfen", wie nach der Tsunami-Katastrophe vom 26. Dezember 2004. Hunderttausende von Menschen starben, Millionen verloren innerhalb von Minuten ihre Verwandten und Freunde, ihr Hab und Gut. Hilfe wurde für die Betroffenen zur Notwendigkeit, für viele Nichtbetroffene eine Selbstverständlichkeit: Tausende leisteten als Spenderinnen und Spender ihren Beitrag zur Überwindung der Not und machten es damit möglich, dass humanitäre Helferinnen und Helfer über Jahre hinaus an der Beseitigung der Schäden, am Wiederaufbau der Infrastruktur, an der Rehabilitation der krisengeschüttelten Gesellschaften mitwirken können.

Nach dem Seebeben im indischen Ozean wurden sich allerdings auch so viele Menschen wie nie zuvor bewusst, dass in humanitären Notsituationen für die Helfenden „nicht alles vorauszusehen, nicht jedes Problem zu lösen, nicht alles in den Griff zu kriegen ist": Mit dem Anschwellen der Hilfsströme mehrten sich die Berichte über angebliche Koordinationslücken, über Instrumentalisierungsversuche seitens der Bürgerkriegsparteien in Sri Lanka, über aufgezwungene Militäreskorten im indonesischen Aceh, über die Ungleichbehandlung von westlichen und nichtwestlichen Opfern, über „vergessene" Krisen abseits der Fernsehscheinwerfer, über verpasste Chancen der Krisenprävention, über vollmundige Hilfsversprechen und stockende Hilfszahlungen einzelner Industrieländer.

Die humanitäre Hilfe wird aus diesen und anderen Krisen lernen müssen. Radikale Schlussfolgerungen und Vereinfachungen tragen allerdings wenig zur Lösung bei: Ob solcher Kritik die humanitäre Hilfe an sich zu verwerfen und das historische „Projekt", das mit der Gründung des Internationalen Komitees vom Roten Kreuz 1863 seinen Anfang nahm, als gescheitert zu erklären, wäre falsch. Die kritische Grundhaltung, die Bryans, Jones und Gross Stein – intime Kenner der humanitären Arbeit – in ihrer eingangs zitierten Studie „Mean Times" gegenüber dem Projekt des Humanitarismus einnehmen, darf nicht in Defätismus münden. Vielmehr muss sie Antrieb sein, die humanitäre Hilfe immer wieder zu erneuern und weiterzuentwickeln. Erst das Hinterfragen der eigenen Praxis, das Offenlegen aktueller Probleme und künftiger Risiken macht es Hilfsorganisationen möglich, ihre humanitäre Arbeit zu optimieren und neuen Herausforderungen sachkundig zu begegnen. Die vorliegende Publikation möchte hierzu einen Beitrag leisten.

Gerade aufgrund ihrer jahrzehntelangen Erfahrung im humanitären Bereich ist sich Caritas international wohl bewusst, dass hier mitunter „nicht alles in den Griff zu kriegen ist". Denn obschon die Hilfsaktivitäten von humanitären Organisationen wie Caritas naturgemäß unparteilich und frei von politischen Hintergedanken sind – Opfern von Katastrophen und Konflikten wird ungeachtet ihres Geschlechts, ihrer Rasse, Sprache, Religion, politischen Meinung oder sozialen Zugehörigkeit Hilfe geleistet –, so ist humanitäre Hilfe doch niemals unpolitisch: Sie wirkt sich auf die gesellschaftlichen, wirtschaftlichen und kulturellen Verhältnisse im Krisengebiet aus, sie bewegt sich auf kriegerischem Terrain mit Konfliktparteien und militärischen Ordnungskräften, sie ist den Interessen lokaler und internationaler politischer Akteure ausgesetzt, sie hat sich mit Geldgebern und Medien auseinander zu setzen. In diesem Sinne ist humanitäre Hilfe immer Teil der politischen Sphäre, sie ist immer eingebunden in politische Spannungsfelder, die keine Patentlösungen zulassen, sondern verzwickte Situationen heraufbeschwören, Interessenskonflikte schaffen, die Akteure vor Dilemmata stellen, Werte und Prinzipien aufeinander prallen lassen, undankbare Entscheidungen nötig machen. Die Helfenden in der Not geraten so immer wieder selbst in Not – in Entscheidungsnot.

Im Folgenden wird sich Caritas international eingehend mit den wichtigsten dieser Spannungsfelder der humanitären Hilfe auseinander setzen: Wie stellen sich humanitäre Akteure zu sogenannt „humanitären" Militärinterventionen? Zur Zusammenarbeit mit militärischen Akteuren? Zum heiklen Feld der unvermeidbaren negativen Nebenwirkungen? Zum Problem der Instrumentalisierung durch Geldgeber oder lokale Akteure? Zur Forderung nach einer Verknüpfung von Hilfe und politischen Aktivitäten? Zur Abhängigkeit von Medien und Politik? Zum steigenden Kontroll- und Transparenzbedürfnis der Öffentlichkeit?

EINLEITUNG

Nach einer kurzen historischen Annäherung ans Phänomen der modernen humanitären Hilfe und einer Analyse der wichtigsten aktuellen Trends (Kapitel 1) wird das vorliegende Papier die sieben Spannungsfelder „Militärinterventionen", „Militärisch-zivile Kooperation", „Nebenwirkungen", „Missbrauch und Instrumentalisierung", „Politisierung", „Medien, Politik und gerechte Verteilung" sowie „Transparenz und Rechenschaft" analysieren (Kapitel 2). Auf Grundlage dieser Analyse wird Caritas international dann Position beziehen: Sie wird anhand von Grundsätzen ihren Umgang mit den Spannungsfeldern definieren und festlegen, wie und unter welchen Umständen sie humanitäre Hilfe leistet (Kapitel 3).

Da sich humanitäre Hilfe aber stets in schwierigen Kontexten abspielt, kann und will Caritas international nicht nur fixe Handlungsgrundsätze definieren: Die politischen, moralischen und praktischen Herausforderungen des humanitären Feldes lassen sich nicht mit einfachen, apodiktischen Regelsätzen lösen, immer wieder müssen außergewöhnliche Schritte gemacht werden, um das humanitäre Ziel zu erreichen, immer wieder müssen Hilfsorganisationen einen ihrer Grundsätze außer Acht lassen, um einem anderen, ebenso wichtigen Grundsatz nachleben zu können. Doch wann ist eine solche Güterabwägung vonnöten? Wann und wo sind Ausnahmen von der Regel begründ- und vertretbar, wann unannehmbar? Caritas international überantwortet diese Frage nicht einfach dem Ermessen des Einzelnen, sondern regelt sie mit dem im Rechtswesen verankerten Prinzips der Verhältnismäßigkeit: Alle Grundsätze haben bindenden Charakter und dürfen nicht verletzt werden – außer ein Abweichen von einem Grundsatz ist zur Erreichung des humanitären Zieles unbedingt erforderlich, Erfolg versprechend und im Sinne einer Nutzen-Schaden-Abwägung vertretbar.

1. Humanitäre Hilfe – eine Annäherung

Orissa, 29. Oktober 1999: Zum zweiten Mal innert zehn Tagen wird der ostindische Bundesstaat Orissa von einem Wirbelsturm heimgesucht. Die bereits unter den Folgen des vorangegangenen Sturms leidende Bevölkerung wird erneut brutal von den Naturgewalten getroffen, die Zerstörungen sind verheerend: Über 10.000 Menschen sterben, mehr als 15 Millionen Menschen verlieren Hab und Gut, gegen zwei Millionen Häuser, 16.000 Fischerboote, 18.000 Trinkwasserreservoire und weitere Infrastrukturanlagen werden zerstört, zwei Millionen Hektar Agrarland werden vom Sturm verwüstet oder vom Regen weggespült, über 800.000 Nutztiere kommen um. Binnen Kürze verlieren so Millionen von Menschen ihre Angehörigen, ihr Zuhause, ihre Lebensgrundlage.

In dieser Situation war es vielen Menschen unmöglich, ihre Not selbst zu überwinden – Hilfe von außen war nötig. Innerhalb von Stunden wurde dieses Hilfsbedürfnis beantwortet, innerhalb von Stunden machten sich im In- und Ausland humanitäre Akteure auf den Weg ins Krisengebiet. Dort verteilten die Helferinnen und Helfer Nahrungsmittel, Medikamente und Kleidung, stellten die Trinkwasserversorgung wieder her und kümmerten sich um die Verletzten. Sie halfen bei der Beseitigung der Trümmer, dem Begraben der Toten, dem Wiederaufbau von Häusern und Straßen, der Instandsetzung von Äckern und Ställen. Hunderttausende von Menschen wurden dadurch vor Schlimmerem bewahrt und soweit unterstützt, dass ein Leben ohne fremde Hilfe wieder möglich wurde.

Afghanistan, 2002: Zwei Jahrzehnte Bürgerkrieg haben das Land zerstört, die Menschen zermürbt und Afghanistan zu einem der ärmsten Länder dieser Welt gemacht. Ende der 90er Jahre setzt zudem eine Dürre ein und schwächt die unter äußerst prekären Umständen lebende Bevölkerung zusätzlich. Mehr als fünf Millionen Menschen kämpfen so zur Jahrtausendwende täglich ums Überleben, hausen als intern Vertriebene in Flüchtlingslagern und ernähren sich mehr schlecht als recht von dem, was das karge Land hergibt. Die Anschläge vom 11. September bzw. die US-geführte Militärintervention gegen das Taliban-Regime verschlimmern ihre Lage noch mehr: Aus Angst vor den Kämpfen lassen weitere 800.000 Menschen ihr Hab und Gut zurück und verlassen die urbanen Zentren, um im benachbarten Ausland Zuflucht zu suchen.

In dieser Situation war es vielen Menschen unmöglich, ihre Not selbst zu überwinden – Hilfe von außen war nötig. Humanitäre Organisationen errichteten deshalb in Grenznähe Auffanglager, wo die Vertriebenen Schutz vor den unwirtlichen Temperaturen fanden, Nahrung erhielten und medizinische Betreuung erfuhren. Hunderttausende Menschen wurden so vor Hunger, Kälte und Seuchen bewahrt. In den Lagern fanden die Vertriebenen jene Unterstützung, die ihnen ihr Staat nicht gab, jene Sicherheit, die ihnen der Krieg genommen hatte.

Äthiopien, 2003: Seit Jahrzehnten wird das Land regelmäßig von großen Dürren und Hungerkatastrophen heimgesucht. Missmanagement, Wassermangel und unzureichende Weideflächen führen in einzelnen Teilen des Landes immer wieder zu Nahrungsmittelknappheit und bedrohen das Überleben von Millionen von Menschen. Schnell sind die ohnehin geringen Reserven aus den vergegangenen Jahren aufgebraucht, ein Großteil der Bevölkerung – meist Ackerbauern und Viehzüchter – leidet selbst nach kurzen Trockenperioden an Hunger. Gerade im Jahr 2003 ist die Lage der Menschen besonders kritisch: Nach einer lang anhaltenden Dürre leiden nach UNO-Schätzungen elf Millionen Menschen an Hunger, ihr Leben ist akut bedroht.

In dieser Situation war es vielen Menschen unmöglich, ihre Not selbst zu überwinden – Hilfe von außen war nötig. Humanitäre Organisationen begannen deshalb, die bedrohten Menschen mit Nahrungsmitteln, sauberem Wasser und Medikamenten zu versorgen. Während die Viehzüchter von Veterinärmedizinern unterstützt wurden, erhielten die Bauern Saatgut und Arbeitsgerät, in Zusammenarbeit mit ausländischen Helfern wurden neue Bewässerungsanlagen errichtet. So konnte das Überleben der bedrohten Menschen gesichert, den Hungernden eine neue Lebensgrundlage gegeben werden. Ein Abwandern in andere Landstriche wurde verhindert, neue Konflikte um Landnutzungsrechte konnten abgewendet werden.

1.1 Zum Begriff

Orissa, Afghanistan, Äthiopien – drei Beispiele, die deutlich machen, dass Menschen in Situationen geraten können, in denen sie nicht mehr aus eigener Kraft überleben, ihr Dasein nicht mehr selbst meistern können. In der Not wird ihr Leben von der Unterstützung anderer abhängig. Humanitäre Akteure haben es sich zur Aufgabe gemacht, diese Unterstützung zu geben. Sie haben sich das Ziel gesetzt, Hilfe zu leisten und den Notleidenden zu ermöglichen, ihr Schicksal wieder in die eigene Hand zu nehmen, ihre Hoffnungslosigkeit zu überwinden und ein neues Leben aufzubauen.

Orissa, Afghanistan, Äthiopien – drei Beispiele auch, die deutlich machen, wie vielfältig die Ursachen für humanitäre Notsituationen, wie vielfältig die Kontexte humanitären Handelns sind: Kriege, Hungersnöte, Naturkatastrophen – sie alle rufen nach humanitärem Engagement. Auch wenn sich im Laufe der Zeit die humanitäre Hilfe verändert hat, auch wenn sich die Schwerpunkte verschoben, die Arbeitsbedingungen gewandelt, die politischen Vorzeichen geändert haben – immer ging es bei humanitärer Hilfe um uneigennützige, unabhängig von Religion und Nationalität geleistete, Hilfe an Menschen in Not. Überall auf der Welt, ungeachtet aller sozialen, politischen oder kulturellen Unterschiede.

Nicht immer spricht man allerdings von humanitärer Hilfe, wenn sich Menschen gegenseitig unterstützen. Vielmehr müssen hierfür verschiedene Kriterien erfüllt sein:[1]

Existenzielle Not: Die Not hat ein Ausmaß angenommen, das die Betroffenen in ihrer Existenz bedroht. Es ist folglich nicht von „humanitärer" Hilfe die Rede, wenn die Hilfe für das materielle und gesellschaftliche Überleben der Betroffenen nicht zwingend notwendig ist.

Hilfsbedarf: Die notleidende Bevölkerung hat einen Bedarf nach existenziellen Gütern (Schutz, Nahrung, medizinische Versorgung etc.), dem die betroffene Solidargemeinschaft nicht genügend schnell und wirksam begegnen kann oder will. Es ist folglich nicht von „humanitärer" Hilfe die Rede, wenn ein lokales, wirksames Hilfs- und Sicher-

---

1   Die vorgenommene Unterscheidung zwischen humanitärer Hilfe und nachbarschaftlichen, sozialen Hilfeleistungen stellt keine Wertung dar, sondern dient der Präzisierung des Konzepts der humanitären Hilfe, wie es in der vorliegenden Analyse und Positionierung Verwendung findet.

heitsnetz vorhanden ist, das die Not der Betroffenen lindern, ihre Existenz sichern kann.

Freiwilligkeit: Die Hilfe wird ohne Zwang und uneigennützig geleistet, die Helfer sind weder durch gesetzliche oder gesellschaftliche Normen zur Hilfe verpflichtet,[2] noch dürfen sie erwarten, aus ihrem Engagement eigene Vorteile zu ziehen oder Gegenleistungen zu erhalten. Es ist folglich nicht von „humanitärer" Hilfe die Rede, wenn Feuerwehrleute, Militärs oder Mediziner in Krisensituationen Hilfsaktionen durchführen, zu denen sie von Gesetzes wegen verpflichtet sind, eine Dorfgemeinschaft ihren Solidarregeln gehorcht und einer notleidenden Familie hilft oder ein Privatunternehmen seiner Belegschaft zum Beispiel nach einem Erdbeben zu Hilfe eilt, um seine Produktionsausfälle zu minimieren.

Institutionalisierung: Die Hilfe ist institutionalisiert, sie wird durch Organisationen geleistet. Es ist folglich nicht von „humanitärer" Hilfe die Rede, wenn eine Einzelperson ihren Nachbarn, Freunden oder Verwandten zum Beispiel nach einem Unwetter zu Hilfe kommt.

Der Begriff der humanitären Hilfe bezeichnet folglich Unterstützungsmaßnahmen, die freiwillig und uneigennützig von Institutionen geleistet werden und eine existenzbedrohende Not bekämpfen, der die betroffene Gesellschaft, der betroffene Staat selbst nicht genügend wirksam begegnen kann beziehungsweise will.

Entsprechend steht der Begriff der humanitären Krise für Situationen, in denen Menschen existenzbedrohende Not erleiden, die weder von Staat noch Gesellschaft genügend wirksam bekämpft wird beziehungsweise werden kann.

1.2 Zur Praxis

Orissa, Afghanistan, Äthiopien – drei Beispiele schließlich auch, die zeigen, wie vielfältig die Bedürfnisse bedrohter Menschen sind, wie vielfältig die notwendigen Hilfsmaßnahmen sein müssen. Die oft ge-

---

2   Dies schließt nicht aus, dass sich humanitäre Akteure aufgrund ihrer ethischen Werte zum Helfen verpflichtet fühlen. Entscheidend ist aber, dass die Hilfe nicht von außen eingefordert, ein Nichtbefolgen nicht sanktioniert werden kann.

hegte Vorstellung, humanitäres Engagement bedeute feuerwehrartige Soforthilfe in Notsituationen, ist zwar nicht falsch, wird der heutigen Realität, der Vielfalt humanitären Handelns aber keineswegs gerecht. Längst haben sich die begrifflichen Grenzen zwischen humanitärem Handeln, Entwicklungshilfe, Menschenrechts- und Friedensförderung in der Realität als brüchig, mitunter gar als inexistent erwiesen. Dementsprechend vielfältig sind die Stoßrichtungen, die das humanitäre Unterfangen heutzutage einschlägt:

Überlebenssicherung: Im Anschluss an Natur- oder Umweltkatastrophen, im Verlaufe von Kriegen oder nach gewaltsamen Übergriffen werden humanitäre Organisationen aktiv, um so schnell wie möglich die Grundbedürfnisse der betroffenen Menschen zu befriedigen, deren Überleben zu sichern. So sorgen Helfer etwa dafür, dass die Notleidenden sauberes Trinkwasser, Nahrungsmittel und Medikamente erhalten, medizinisch versorgt werden, dass Zelte oder Baracken, Kleider und Decken zur Verfügung stehen, die sanitäre Grundversorgung sichergestellt ist und Epidemien eingedämmt oder verhindert werden können.

Wiederaufbau: Maßnahmen zum Wiederaufbau von Basis-Infrastrukturanlagen bilden ein weiteres wichtiges Element humanitären Engagements. Wohnraum, Straßen, Brücken, Wasserleitungen und Pumpanlagen, Stromleitungen und Telefonnetze werden nach und nach repariert oder neu aufgebaut. Krankenhäuser, Schulen und Kirchen, aber auch kleine Gewerbebetriebe, die für den sozialen Zusammenhalt und gesellschaftlichen Fortschritt von Wichtigkeit sind, werden instand gesetzt oder neu errichtet.

Rehabilitation: Neben dem materiellen Wiederaufbau machen Katastrophen- oder Konfliktsituationen auch gesellschaftliche Rehabilitationsmaßnahmen nötig. Oft ist eine Repatriierung von intern Vertriebenen, von Flüchtlingen nötig; manchmal müssen humanitäre Helfer aber auch im Aufnahmeland selbst Lösungen finden, wie die Existenz der Vertriebenen dauerhaft gesichert, wie ein friedliches Zusammenleben von Einheimischen und Flüchtlingen organisiert werden kann. Gerade nach lang anhaltenden Kriegen ist überdies die Wiedereingliederung der ehemaligen Soldateska, die Behandlung von Kriegstraumata sowie die Einleitung von Versöhnungsprozessen von großer Bedeutung. Berufs- und Schulbildungsprogramme helfen zudem, die Wirtschaft anzukurbeln und ein gesellschaftliches Fortkommen zu ermöglichen.

Prävention: Mitunter zielt humanitäres Engagement aber nicht nur darauf ab, die Folgen einer Krise auszumerzen und die gesellschaftlichen, materiellen Verhältnisse zu normalisieren, sondern darüber hinaus auch präventiv zu wirken. Das heißt humanitäre Aktionen sollen helfen, das neuerliche Entstehen einer Krisensituation zu verhindern oder zumindest die Verletzlichkeit der Gesellschaft zu verringern. Mit dem Bau von Deichen, Sturmwällen oder erdbebensicheren Gebäuden etwa kann die Schädlichkeit von Naturgefahren heruntergesetzt werden; die Ausarbeitung von Notfallplänen, das Einrichten von Frühwarnsystemen, die Stärkung lokaler Hilfsmechanismen und Solidaritätsnetze kann die Verletzlichkeit der Gesellschaft weiter minimieren. Viele Rehabilitationsmaßnahmen zielen überdies darauf ab, friedliche Konfliktlösungsstrategien zu etablieren, gesellschaftliche Spannungen abzubauen, eine frühe Erkennung von Eskalationsfaktoren zu ermöglichen und damit bewaffnete Auseinandersetzungen oder Kriege zu verhindern.

Bereits diese kurze Auslegeordnung macht deutlich, wie breit das Spektrum der humanitären Instrumente und Ziele heute ist. Gerade im Bereich Prävention und Rehabilitation hat in den letzten Jahren eine stetige Erweiterung des Handlungsfeldes humanitärer Organisationen stattgefunden. Aufgaben, die traditionell von Menschenrechts-, Friedensförderungs- oder Entwicklungsorganisationen wahrgenommen wurden, werden nun als integraler Bestandteil humanitären Handelns angesehen. Zwar führt dieses Niederreißen von Disziplinengrenzen dazu, dass der Facettenreichtum der zu lösenden Probleme erkannt und konsistentere, weitsichtigere Lösungen gefunden werden können; die Ausweitung des humanitären Handlungsfeldes birgt aber auch die Gefahr, dass in gewissen Bereichen eine Entprofessionalisierung stattfindet oder – mit Labels wie „Prävention" und „Friedensförderung" – alter Wein in neuen Schläuchen verkauft wird. Ein verstärkter Know-how-Transfer, eine intensivere Zusammenarbeit zwischen den verschiedenen Disziplinen und Organisationen kann – und muss – diese Gefahren bannen. Denn: Auch wenn manchmal Zielkonflikte bestehen und sich etwa Maßnahmen der Überlebenssicherung und Friedensförderung als inkompatibel erweisen[3]

---

3   Zu den Spannungen zwischen den Anliegen der Friedensförderung, Menschenrechtsarbeit, Entwicklungshilfe und Überlebenssicherung vgl. Kapitel 2.3–5; zur Reaktion von Öffentlichkeit und Medien auf die verschiedenen, neuen und alten Stoßrichtungen vgl. Kapitel 2.6–7.

17

– ein Zurück in die Zeit, als humanitäre Akteure ausschließlich Überlebenshilfe leisten konnten, ohne sich um die politischen Konsequenzen ihres Tuns zu kümmern, ist alles andere als wünschbar.

In diesem Sinne wird sich die folgende Analyse zwar auf die traditionellen „Kernkompetenzen" humanitärer Akteure – auf die Überlebenssicherung und den Wiederaufbau – konzentrieren, dabei aber die neueren Stoßrichtungen mit einbeziehen und gerade auch die Spannungen zwischen den einzelnen Tendenzen und Zielen aufzeigen. Um die aktuellen Probleme und Spannungen zu verstehen, ist aber zuerst ein kurzer Blick zurück auf die Entstehungsgeschichte der heutigen humanitären Hilfe nötig.

1.3 Zur Geschichte

Der Idee des humanitären Helfens, wie sie Mitte des 19. Jahrhunderts in der Genfer Konvention ihre erste formalisierte Ausgestaltung fand, liegen Werte wie Wohltätigkeit, Nächstenliebe oder Solidarität zugrunde, die in allen Gesellschaften, zu allen Zeiten hochgehalten wurden. Gerade die Weltreligionen haben ihnen stets große Bedeutung zugemessen: Ob Juden das Ideal der tsedaka – der Hilfe an Fremde, Waisen, Witwen und Arme – verfolgen, Christen den Wert der caritas – der selbstlosen Nächstenliebe des „guten Samariters" – hochhalten, Muslime das zakat – das Almosen – als eine von fünf die Lebensführung prägenden Säulen erachten oder Buddhisten im Streben nach Selbstlosigkeit eine Lebensaufgabe sehen – alle Weltreligionen halten ihre Gläubigen an, Armen und Notleidenden zu helfen. Doch auch außerhalb der religiösen Sphäre, im Denken der Philosophen und Staatstheoretiker etwa, haben Werte wie Solidarität oder Wohltätigkeit feste Wurzeln. Von Aristoteles über Cicero bis zu den Enzyklopädisten der Aufklärung – alle betonen die Wichtigkeit der Solidarität unter den Menschen (Ryfman, 1999; Ritter, 2004).

Diesem Grundgefühl der menschlichen Verbundenheit entsprechend entwickelten sich nach und nach Solidaritätssysteme und Institutionen wie Spitäler, Heime etc., die sich der Armen, Hungernden, Kranken, Alten, Waisen – kurz: der Hilfsbedürftigen annahmen. Eine Gruppe von Bedürftigen blieb allerdings lange Zeit von allen institutionellen Hilfsbemühungen ausgeklammert:[4] die auf den Schlachtfeldern kämpfenden Soldaten.

1.3.1 Anfänge der modernen humanitären Hilfe

Bewegt vom unvorstellbaren Leid, das auf den Schlachtfeldern des 19. Jahrhunderts anzutreffen war,[5] begannen einige Zivilistinnen und Zivilisten sich der Soldaten anzunehmen und Hilfsdienste aufzubauen. So richtete Florence Nightingale während des Krim-Krieges 1854/55 im Auftrag der britischen Regierung zusammen mit einer Gruppe von Krankenschwestern einen Soldatenhilfsdienst ein, der kranke und verletzte Soldaten pflegte, sie verköstigte und mit dem Nötigsten versorgte; Tausende Soldaten wurden so vor dem Tod gerettet. Nightingales Hilfsdienst wirkte allerdings nur auf einer Seite der Front, nur die eigenen Landsleute wurden von ihren Krankenschwestern gepflegt.

Henri Dunant mochte sich damit nicht zufrieden geben: Geprägt von seinen Beobachtungen in der Schlacht von Solferino 1859 und in Kenntnis der Erfahrungen von Nightingale gründete Dunant zusammen mit vier weiteren Genfer Bürgern 1863 das „Internationale Komitee vom Roten Kreuz", das sich zum Ziel setzte, die Verletzten aller Kriegsparteien zu versorgen – ein revolutionärer Schritt hin zu einem Humanitarismus, der keine Grenzen zwischen Freund und Feind zieht.

In Kenntnis des Lieber Codes[6] drängte Dunant überdies darauf, die Rolle der Helfer auch rechtlich abzusichern, das heißt Pflichten und Rechte von Kriegsparteien und humanitären Helfern zu kodifizieren. Auf Dunants Initiative hin berief so die Schweizer Regierung eine internationale Konferenz ein, die sich am 22. August 1864 zur Verabschiedung der

---

4   Zwar pflegten bereits die Marketenderinnen – mit Söldnerheeren umherziehende Krämerinnen und Prostituierte – verwundete Soldaten und leisteten ihnen erste Hilfe. Dieses Engagement war aber nicht organisiert.

5   Die noch zu Zeiten Napoleons geführten Kabinettskriege machten Mitte des 19. Jahrhunderts den Zerstörungskriegen Platz. Kabinettskriege hatten zum Ziel, den Gegner zu schwächen und mit Schlachten zu Verhandlungen und Konzessionen zu zwingen. Zerstörungskriege hingegen zielten darauf ab, den Gegner zu zerstören, um Bedingungen diktieren zu können und jegliche Revanchegedanken zu ersticken.

6   Francis Lieber unternahm mit dem von ihm verfassten Code im Jahre 1863 den Versuch einer Kodifizierung des Kriegsrechts. Sein Regelwerk schränkte die zulässigen Mittel und Methoden der Kriegsführung ein, mit dem Ziel, die Auswirkungen der Kampfhandlungen zu minimieren und unnötiges Leiden sowohl auf Seiten der Soldaten als auch der Zivilbevölkerung zu vermeiden.

„Konvention zur Verbesserung des Loses von Verwundeten im Feld"[7] – später bekannt als 1. Genfer Konvention – durchrang und damit den Grundstein für die Entwicklung des humanitären Völkerrechts legte. Die Konvention verpflichtet alle Kriegsparteien, humanitäre Helfer vor militärischen Übergriffen zu bewahren und ihnen Zugang zu Verletzten und Kranken aller Parteien zu gewähren; im Gegenzug haben sich die Helfer, gekennzeichnet durch das Emblem des Roten Kreuzes auf weißem Grund, jeder Parteinahme oder Einmischung zu enthalten.

In den folgenden Jahrzehnten sollte sich erweisen, dass die Fokussierung auf das Wohl von verwundeten Soldaten, wie sie in der 1. Genfer Konvention passierte, zu kurz griff: Die Entwicklung neuer Kriegstechniken – neue Artillerie- und Sprengstoffarten, Einsatz von Flugzeugen etc. – und die Grenzenlosigkeit der neuen, „Totalen Kriege"[8] führten dazu, dass nicht mehr die Soldaten, sondern die Zivilbevölkerung die Hauptleidtragenden des Krieges waren.[9] Vor allem der Zweite Weltkrieg machte auf grauenhafte Weise deutlich, wie wichtig es war, dass die humanitären Helfer ihr Handlungsfeld erweiterten und sich auch um die zivilen Opfer von Kriegen und Katastrophen kümmerten. In dieser Zeit entstanden weitere nichtstaatliche humanitäre Organisationen, die das Rote Kreuz in seiner Arbeit auf und vor allem neben dem Schlachtfeld unterstützten und ergänzten. Gleichzeitig wurde das humanitäre Völkerrecht der neuen Situation angepasst: In den vier Genfer Konventionen von 1949 wurden neben den Soldaten auch die als „Personen, die nicht unmittelbar an den Feindseligkeiten teilnehmen"[10] definierte Zi-

---

7   Diese erste Genfer Konvention ist in der überarbeiteten Version vom 12. August 1949 eine der Grundlagen des heutigen Internationalen humanitären Rechts; vgl. Kasten.

8   Im Totalen Krieg wurden neben den gegnerischen Armeeverbänden auch die Zivilisten als „kriegserhaltende Produktionskräfte" angesehen und zum Ziel von Angriffen gemacht. Der Nationalismus und die daraus hervorgehende Ideologisierung des Krieges trug weiter zur Ausweitung des Konfliktfeldes bei.

9   Diese Entwicklung geht weiter: Während etwa im Amerikanischen Bürgerkrieg 95 Prozent aller Opfer Angehörige des Militärs waren, gehen Experten davon aus, dass in den 1990er Jahren in den Kriegen in Bosnien, Ruanda und Somalia etwa 95 Prozent der Opfer Zivilisten waren. Vgl. hierzu Weiss, Collins, 1996, S. 29.

10   Art. 3 der Convention for the Amelioration of the Condition of the Wounded and Sick in Armed Forces in the Field, Genf, 1949.

vilbevölkerung unter Schutz gestellt und damit das erweiterte Arbeitsfeld humanitärer Organisationen juristisch abgesichert.

In den Jahrzehnten nach dem Zweiten Weltkrieg stieg sowohl die Zahl nichtstaatlicher Hilfswerke (NGOs) als auch der Umfang ihrer Aktivitäten weiter an. Bei vielen Hilfsorganisationen stand aber – nach dem Wiederaufbau des kriegsversehrten Europas – weniger die humanitäre Arbeit, die Not- und Wiederaufbauhilfe in und nach Kriegs- und Katastrophensituationen im Vordergrund, als vielmehr die Entwicklungshilfe vor allem an die „Dritte Welt". Gerade mit der Antikolonialismus-Bewegung der 50er und 60er Jahre erlebte der Entwicklungsgedanke ein Hoch: Beflügelt vom anziehenden Wirtschaftswachstum im Norden machten sich viele Leute daran, sich im Rahmen von privaten Entwicklungshilfe-Organisationen zu engagieren und in den „jungen" Staaten des Südens für „Fortschritt" und „Entwicklung" zu kämpfen. Wurden diese nichtstaatlichen Entwicklungshilfe-Organisationen anfangs noch vielfach belächelt, stieg ihr Ansehen in den 70er Jahren angesichts unübersehbarer Erfolge im Entwicklungsbereich deutlich an.

Das humanitäre Völkerrecht (IHL – International Humanitarian Law)

Das aus schriftlichen Verträgen und Gewohnheitsrecht bestehende humanitäre Völkerrecht[11] stellt einen Korpus von international geltenden Sonderregeln dar, die nur im Falle eines bewaffneten Konflikts zur Anwendung kommen und zum Ziel haben, die Auswirkungen von kriegerischen Handlungen oder Besetzungen zu minimieren. Seinen schriftlichen Niederschlag fand das IHL insbesondere in den vier Genfer Konventionen von 1949 und den beiden Zusatzprotokollen von 1977 sowie dem IV. Haager Abkommen und der dazugehörenden Landkriegsordnung von 1907. Im Gegensatz zur Charta der Vereinten Nationen lassen diese IHL-Regelwerke die Frage nach der Rechtmäßigkeit eines Waffenganges außer Acht und konzentrieren sich als ius in bello darauf, einerseits den Kriegsparteien in ihrer Mittel- und Strategiewahl Grenzen zu setzen,[12] andererseits Minimalstandards zu definieren, wie Zivilisten, Gefangene, Verletzte, nichtkämpfende Soldaten etc. behandelt wer-

---

11 Vgl. weiterführend Gasser, 1995; Mackintosh, 2000; IASC, 2004; Bouchet-Saulnier, 1998.

den müssen. Insbesondere verpflichtet das IHL die Kriegsparteien, Verwundeten oder Kranken Hilfe zukommen zu lassen, nichtkämpfende Truppen und Zivilisten vor Übergriffen zu schützen und Folter, menschenverachtende Behandlungen, außergerichtliche Bestrafungen etc. zu verhindern.

Auch für die humanitären Akteure ist das IHL von zentraler Bedeutung: Kriegsparteien sind gemäß IHL verpflichtet, Mitarbeiter des IKRK, der UNO, nationaler Rotkreuzgesellschaften und medizinischer Dienste vor Festnahmen, Befragungen etc. zu bewahren, deren Einrichtungen zu schützen und jedwede Behinderungen von deren Hilfsaktionen zu unterlassen.[13] IKRK-Mitarbeiter haben zudem das Recht, auch ohne Zustimmung der Parteien Kriegsgefangene zu besuchen. Mitarbeitern privater Hilfsorganisationen ist rechtlich nur der sogenannte International Minimum Standard of Protection zugesichert, das heißt sie dürfen wie alle andern Zivilisten weder getötet, angegriffen, willkürlich verhaftet noch unrechtmäßig bestraft werden. Allerdings müssen Kriegsparteien laut IHL auch privaten humanitären Helfern ermöglichen, Hilfsaktionen durchzuführen.[14] Die Helfer müssen aber sicherstellen, dass ihre Hilfsaktionen erstens „without any adverse distinction" durchgeführt werden, das heißt unparteilich sind und keine Partei übervorteilen, und zweitens rein humanitären Charakter haben, das heißt von keiner Partei

---

12 Das sogenannte „Haager Recht" gebietet es den Kriegsparteien etwa, in ihren Aktionen stets zwischen Kombattanten und Zivilisten zu unterscheiden und letztere vor Angriffen zu schützen. Neben den einschlägigen Haager Deklarationen/Konventionen (1899, 1907, 1954, 1957, 1970, 1973) sind in diesem Zusammenhang vor allem auch die Konvention über Biowaffen (1972), die Konvention über Chemiewaffen (1993) sowie die Konvention von Ottawa zu Antipersonenminen (1997) zu erwähnen. Sie alle schränken das Recht der Kriegsparteien ein, alle zur Verfügung stehenden Kampfmittel einzusetzen.

13 Neben den Genfer Konventionen sind vor allem die Convention on Privileges and Immunities of the United Nations (1946/7) sowie die Convention on the Safety of United Nations and Associated Personnel (1994) zu erwähnen. Letztere spricht auch externen humanitären Helfern, die im Rahmen einer UN-Operation tätig sind, die spezifischen Immunitätsrechte von UN-Mitarbeitern zu.

14 Gemäß dem Statut des Internationalen Strafgerichtshof (ICC, 2002) in Den Haag ist es ein Kriegsverbrechen, „intentionally directing attacks against personnel, installations, material, units or vehicles involved in a humanitarian assistance or peacekeeping mission" (Art. 8.2.b.iii).

zu militärischen Zwecken missbraucht werden können.[15] In diesem Sinne kann das humanitäre Völkerrecht als Kodifizierung eines impliziten Deals zwischen Kriegsparteien und humanitären Akteuren verstanden werden: Während die Kriegsparteien den Helfern Schutz und Zugang zu den Hilfsbedürftigen einräumen, verpflichten sich die Helfer, sich aus dem Konflikt herauszuhalten.

Im Bereich der humanitären Hilfe spielten NGOs allerdings lange eine marginale Rolle. In den 50er und 60er Jahren war es ihnen, genauso wie den durch die Patt-Situation des Kalten Krieges gelähmten Staaten oder UN-Institutionen, nur sehr schwer möglich, humanitäre Hilfe zu leisten. Einzig das auf äußerste Neutralität bedachte IKRK konnte zu jener Zeit – wenn auch mit Einschränkungen – ein humanitäres Engagement entfalten. Erst der Biafra-Krieg Ende der 60er Jahre, von Rufin (1986, S. 61) später als „neues Solferino" bezeichnet, sollte diese Situation ändern.

1.3.2 Von der Einheit zur Vielfalt

100 Jahre nach Dunants ersten, revolutionären Schritten bekam die Idee einer neutralen, unparteilichen Hilfe, die sich jeder Parteinahme enthält und die Zustimmung aller Kriegsparteien sucht, Risse; es offenbarten sich erste Unstimmigkeiten innerhalb der humanitären Gemeinschaft: Unter dem Eindruck der kriegsbedingten Hungersnot in Biafra entschieden sich 1971 einige französische Ärzte im Dienste des IKRK, die als legalistisch und regierungshörig kritisierte Methode des IKRK hinter sich zu lassen und eine eigene Hilfsorganisation zu gründen. Die Vorgaben der kriegsführenden Parteien sollten ignoriert, Hilfsaktionen im Interesse der Notleidenden auch gegen den Willen der Machthaber durchgeführt werden[16] – Médecins sans frontières (MSF)[17] war geboren. Mario Bettati, MSF-Mitbegründer, charakterisierte die Differenzen, die zur Spaltung geführt hatten, wie folgt: „Manche setzen bei ihrer Arbeit aufs Schweigen – selbst wenn sie sich dadurch zum Komplizen machen; andere wiederum beziehen ihre Kraft aus dem Aufsehen, das sie erregen – selbst auf die Gefahr hin, Leute vor den Kopf zu stoßen" (Bettati 1996, S. 81). Gerade im Umgang mit den Medien zeigten sich

---

15   Vgl. hierzu etwa Genfer Konvention IV Art. 23/30, Additional Protocol I Art. 70/71 oder UN General Assembly Resolution 46/182 vom 19. Dezember 1992.

diese Differenzen: Während das IKRK äußerst diskret arbeitete und die Medien kaum mit Informationen belieferte, spannte die sans frontières-Bewegung die Medien von Beginn weg für ihre Zwecke ein, nutzte TV-Berichte, um die Öffentlichkeit wachzurütteln, Spenden zu sammeln und Druck auf Politiker in Nord und Süd aufzubauen.

Wohl haben sich seit dem Schisma von 1971 die Positionen der „Schulen" wieder etwas angenähert und viele „Differenzen" erweisen sich bei näherer Betrachtung eher als Folgen von Profilierungsüberlegungen denn als echte Praxisunterschiede. Doch bleiben bis heute Unterschiede bestehen, haben sich Spannungen innerhalb der Hilfswerksgemeinschaft erhalten. Gerade an der Frage, welche Bedeutung das Prinzip der Neutralität in der humanitären Arbeit haben sollte, scheiden sich die Geister – auch jenseits von MSF und IKRK: Wie weit dürfen sich humanitäre Akteure ins politische Feld vor wagen? Sollen sie sich auch für Frieden, Demokratie, soziale Gerechtigkeit etc. einsetzen? Oder müssen sie sich vielmehr jeder politischen Einmischung enthalten und sich auf die eigentliche Überlebenshilfe konzentrieren? Einigkeit ist nach wie vor nicht in Sicht, die Kontroverse unter den humanitären Organisationen geht weiter (vgl. Kapitel 2.5).

1.3.3 Humanitäre Hilfe heute: heterogen, professionell, politisch

Innerhalb der humanitären Szene einen Konsens zu finden, ist heute denn auch bedeutend schwieriger als noch vor ein, zwei Jahrzehnten –

---

16   Die einseitige Unabhängigkeitserklärung der Provinz Biafra führte 1967–69 in Nigeria zu einem äußerst brutalen Krieg zwischen Zentralregierung und Aufständischen. Um die Einheit des Landes wiederherzustellen, verhängte die nigerianische Regierung eine Blockade für alle lebenswichtigen Waren und untersagte humanitären Helfern den Zutritt zur ausgehungerten Bevölkerung. Während das IKRK vor der Grenze Biafras auf die Genehmigung der nigerianischen Regierung wartete, beschlossen verschiedene Helfer, ohne Zustimmung einzureisen, den Opfern zu helfen und über die erlebten Missstände zu berichten.

17   MSF sollte zur Vorreiterin einer regelrechten sans frontières-Bewegung werden: Mittlerweile existieren außerhalb des humanitären Bereichs vielerlei MSF-Schwesterverbände, so zum Beispiel sans frontières-Organisationen der Reporter, Ingenieure, Apotheker oder Anwälte.

nie war die humanitäre Szene größer und heterogener als heute. Zwar wird das humanitäre Feld nach wie vor von einigen wenigen großen Organisationen dominiert; gemäß Schätzungen sollen etwa drei Viertel aller aller den NGOs zur Verfügung stehenden Ressourcen von nur gerade einem guten Dutzend internationalen Nichtregierungsorganisationen oder NGO-Netzwerken umgesetzt werden (Minear, 2002, S. 27). Gerade während der 90er Jahre stieg die Zahl humanitärer Akteure aber sprunghaft an: Die nach Ende des Kalten Krieges in aller Welt aufflammenden Gewaltkonflikte ließen ein unüberblickbares Puzzle von Organisationen unterschiedlichster Größe, Motivlage, Struktur etc. entstehen. Mittlerweile ist es keine Seltenheit mehr, dass in Krisengebieten Hunderte von Organisationen aktiv werden, Hunderte verschiedener Projekte und Programme parallel in Angriff genommen werden.

Doch nicht nur die Anzahl der Akteure ist im letzten Jahrzehnt explodiert, sondern auch das von ihnen umgesetzte Hilfsvolumen: Gaben die großen, im Development Assistance Committee (DAC) der OECD zusammengeschlossenen Industrieländer Mitte der 80er Jahre nur gerade 450 Millionen US-Dollar für humanitäre Hilfe aus, waren es im Jahr 2002 bereits 3,87 Milliarden (vgl. Tabelle 1). Dieser Zuwachs ist umso eindrücklicher, als in den 90er Jahren die Gesamtsumme der öffentlichen Entwicklungsgelder (ODA = Official Development Aid) stagnierten oder gar zurückgingen.[18] Der humanitäre Bereich hat also – gemessen am gesamten ODA-Engagement des Westens – deutlich an Bedeutung gewonnen: Machte die humanitäre Hilfe bis in die frühen 90er Jahre weniger als zwei Prozent der ODA aus, entfällt seit Ende der 90er Jahre bis zu ein Zehntel aller ODA-Aufwendungen auf humanitäre Hilfsmaßnahmen (vgl. Tabelle 1).[19]

---

18 Gemessen am Wirtschaftswachstum gingen die Ausgaben der Industrieländer in den 90er Jahren markant zurück: In den Jahren 1986 bis 1992 gaben die DAC-Länder noch durchschnittlich 0,33 Prozent ihres Bruttoinlandproduktes für die internationale Zusammenarbeit aus; 2001 war dieser Wert auf 0,22 Prozent gesunken. Allerdings machte das DAC für 2002 eine Trendwende aus und prognostiziert für die nächsten Jahre Wachstumsraten von über 7 Prozent. Vgl. OECD, 2004, S. 30.

Tabelle 1: Öffentliche Entwicklungsgelder und Anteil
der humanitären Hilfe 1983–2002

	Ø 83–85	Ø 86–88	Ø 89–91	Ø 92–94	Ø 95–97
ODA (in Mio. $)[20]	25235	36984	51604	49938	48774
davon humanitäre Hilfe	452	623	1553	2805	2432
Anteil HH an ODA (in %)	1,8%	1,7%	3,0%	5,6%	5,0%
	1998	1999	2000	2001	2002
ODA (in Mio. $)[20]	43402	46560	44954	42411	49763
davon humanitäre Hilfe	2687	5429	3478	3004	3870
Anteil HH an ODA (in %)	6,2%	11,7%	7,7%	7,1%	7,8%

Quelle: DAC-Database

Neben diesen quantitativen Entwicklungen erfuhr der humanitäre Bereich im letzten Jahrzehnt aber auch viele qualitative Veränderungen. Kritische Studien[21] über die Auswirkungen humanitärer Aktivitäten in Krisengebieten wie Ruanda, Somalia oder Ex-Jugoslawien sorgten in den 90er Jahren dafür, dass in der humanitären Szene ein Prozess der

---

19   Als Grund für diese Entwicklung führen Beobachter unter anderem die mit dem Ende des Kalten Krieges sprunghaft anwachsende Anzahl von Gewaltkonflikten an. Zudem sei der öffentliche Druck auf Politiker und institutionelle Geldgeber, in humanitären Krisensituationen sofort Maßnahmen zu ergreifen, angesichts immer direkterer, eindrücklicherer TV-Bilder in den 90er Jahren deutlich angestiegen.

20   Die Zahlen geben die bilaterale Official Development Aid (ODA) aller DAC-Länder (zum Dollarkurs von 2002) wieder. Dabei handelt es sich um die Summe aller Beiträge, die von den DAC-Ländern in Entwicklungsländern in Projekten und Programmen der Entwicklungszusammenarbeit, humanitären Hilfe etc. umgesetzt bzw. den Entwicklungsstaaten zur Umsetzung solcher Projekte und Programme zur Verfügung gestellt werden; nicht enthalten sind dabei die Beiträge an multilaterale Agenturen wie etwa das UNHCR oder WFP. Vgl. dazu die DAC-Database unter www.oecd.org oder Randel, German, 2002, S. 19-28.

21   Beispielsweise der Bericht der Joint Evaluation of Emergency Assistance to Rwanda (Borton, Brusset, Hallam, 1996; JEEAR, 1996), die Do No Harm-Fallstudien von Mary B. Anderson (1999) oder die Studien zu Ökonomie und Krieg (Collier, Hoeffler, 2000, 2001; Collier et al., 2003).

Reflexion, der selbstkritischen Auseinandersetzung mit dem eigenen Tun in Gang kam, der zu zahlreichen Anpassungen führte:

Koordination: Je mehr Organisationen im humanitären Feld tätig wurden, umso offensichtlicher wurde die Notwendigkeit, die Hilfsaktivitäten wirksam zu koordinieren. Die humanitären Akteure ergriffen verschiedene Maßnahmen: In- und außerhalb von UNO und EU wurden Foren des Informationsaustausches geschaffen, NGO-Mitarbeiter mit Abstimmungs- und Liaison-Aufgaben betraut, unzählige Sitzungen abgehalten, Internet-Plattformen eingerichtet, Koordinations- und Leading-Agenturen ins Leben gerufen und in Hunderten von Memoranden Terms of Reference definiert.[22] Diesen Koordinationsbestrebungen waren und sind zwar mitunter enge Grenzen gesetzt – Hilfsagenturen geben nicht gerne Entscheidungsmacht ab, überlassen publikumswirksame Aufgabenfelder nicht gerne anderen Organisationen.[23] Trotzdem: Koordination ist in den 90er Jahren endgültig als Notwendigkeit erkannt und in vielerlei Formen in die Tat umgesetzt worden.

Konfliktsensibilität: Gerade die im letzten Jahrzehnt ausbrechenden innerstaatlichen, oft ökonomisch motivierten Gewaltkonflikte führten da-

---

22 Die wichtigste humanitäre Koordinationsagentur ist zweifellos das United Nations Office for the Coordination of Humanitarian Affairs (OCHA), dem in humanitären Krisen die Koordination aller Hilfsbemühungen obliegt (vgl. www.ochaonline.un.org). Eine weitere wichtige Institution ist das Steering Committee for Humanitarian Response (SCHR), dem alle großen Hilfswerke angehören. Das SCHR hat unter anderem breit anerkannte Leitlinien zur Regelung der Zusammenarbeit von Militär und zivilen Helfern (vgl. SCHR, 2002) ausgearbeitet und mit dem Sphere Project eine Institution ins Leben gerufen, die zur Etablierung allgemeiner Standards in der humanitären Hilfe beiträgt (vgl. www.sphereproject.org). Zu den wichtigsten Internet-Informationsplattformen gehören www.reliefweb.int, www.irinnews.org oder www.alertnet.org.

23 Minear (2002, S. 21–36) macht fünf Problemkreise aus, die Koordinationsbestrebungen behindern: (i) Macht: alle wollen koordinieren, niemand will koordiniert werden; (ii) Profilierung: Organisationen wollen publicityträchtige Aktionen durchführen, die unbeachtete Arbeit im Hintergrund aber den anderen überlassen; (iii) Kosten: Koordination ist zeit- und kostenintensiv; (iv) Strukturen: zur Zeit fehlen noch wirksame Organe, die mit Sanktionen Koordinationsentscheide durchsetzen könnten; und (v) Leadership: der Erfolg von Koordinationsbestrebungen ist noch allzu fest vom Charisma einzelner Koordinatoren abhängig; die institutionelle Abstützung fehlt.

zu, dass die Wechselwirkungen zwischen humanitären Aktivitäten und Konfliktverläufen zunehmend ins Blickfeld gerieten. Die ernüchternde Feststellung, dass humanitäre Helfer mit ihren Aktionen manchmal ungewollt soziale Spannungen akzentuieren, Kriegsparteien zu Ressourcen verhelfen und somit zur Perpetuierung oder gar Anheizung von Konflikten beitragen (vgl. Kapitel 2.3), führte dazu, dass viele Organisationen ihre Arbeit auf deren „Konfliktsensitivität" hin überprüften und Maßnahmen ergriffen: Mit dem Ziel eines Do No Harm – eines Vermeidens schädlicher Auswirkungen – wurden Arbeitsabläufe überarbeitet, interne Evaluations- und Kontrollverfahren verschärft und schadensvermindernde Planungs- und Umsetzungsstrategien entwickelt.

Selbstregulation: Nicht zuletzt der gesteigerte Konkurrenzdruck sorgte in den 90ern dafür, dass viele Hilfsorganisationen ihre Strukturen strafften, Abläufe effektiver gestalteten und Managementmittel nutzten, die zuvor nur in der Privatwirtschaft zum Zug gekommen waren. Diese Professionalisierungsschritte gingen dabei mit einer wachsenden Tendenz zur Selbstregulierung einher: Normen und Standards wurden definiert, Verhaltenskodizes ausgearbeitet und Wertekataloge erstellt – alles mit dem Ziel, die Wirkung humanitärer Aktionen zu verbessern, Schäden zu vermeiden und eine gewisse unité de doctrine in die Arbeit der verschiedenen Hilfsakteure zu bringen. Gerade dem von der Rotkreuz-Bewegung initiierten Code of Conduct (1994) und dem Sphere-Handbuch waren dabei eine große Breitenwirkung beschieden (vgl. Kasten).

The Code of Conduct

The Code of Conduct for the International Red Cross and Red Crescent Movement and Non-Governmental Organisations in Disaster Relief wurde im Jahre 1994 verfasst und wird heute von insgesamt 300 Nothilfeorganisationen getragen. Es handelt sich dabei um einen Katalog von Werten und Normen, die innerhalb der humanitären Gemeinschaft allgemein anerkannt werden:

1. The Humanitarian imperative comes first.

2. Aid is given regardless of the race, creed, or nationality of the recipients and without adverse distinction of any kind. Aid priorities are calculated on the basis of need alone.

3. Aid will not be used to further a particular political or religious standpoint.

4. We shall endeavour not to act as instruments of government foreign policy.

5. We shall respect culture and custom.

6. We shall attempt to build disaster response on local capacities.

7. Ways shall be found to involve programme beneficiaries in the management of relief aid.

8. Relief aid must strife to reduce future vulnerabilities to disaster as well as meeting basic needs.

9. We hold ourselves accountable to both those we seek to assist and those from whom we accept resources.

10. In our information, publicity and advertising activities, we shall recognize disaster victims as dignified humans, not hopeless objects.

The Sphere Project

Mit dem Ziel, Qualität und Effizienz humanitärer Aktion zu steigern und dem Prinzip der Verantwortlichkeit Achtung zu verschaffen, hat das Sphere Project ein Handbuch erstellt, das zum einen eine „Humanitäre Charta" – einen Wertekatalog analog zum Code of Conduct – enthält, zum anderen Mindeststandards für die humanitäre Praxis definiert:

1. Minimum Standards Common to All Sector,

2. Minimum Standards in Water, Sanitation and Hygiene Promotion,

3. Minimum Standards in Food Security, Nutrition and Food Aid,

4. Minimum Standards in Shelter, Settlement and Non-Food Items,

5. Minimum Standards in Health Services.

Um humanitären Organisationen einen möglichst praxistauglichen Regelkatalog an die Hand zu geben, haben die Verfasser den erwähnten Standards Messindikatoren und Anwendungshinweise beigestellt, mit deren Hilfe die Standards an die verschiedenen Kontexte angepasst, Evaluationen durchgeführt, die Wirkung der eigenen Aktionen gemessen werden können (Sphere Project, 2004).

Langfristigkeit: Das gesteigerte Bewusstsein um die mögliche Schädlichkeit feuerwehrartiger Nothilfe-Einsätze ließ viele Organisationen in den letzten Jahren zur Überzeugung kommen, dass humanitärer Arbeit eine längerfristige Perspektive zugrunde gelegt, dem Aspekt der Nachhaltigkeit mehr Beachtung geschenkt werden muss. Der humanitäre Aufgabenkanon wurde daher um Zielsetzungen wie Prävention und Entwicklung ergänzt: Statt ausschließlich Überlebenshilfe zu leisten und unerlässliche Infrastrukturen wieder aufzubauen, versuchen heutzutage viele humanitäre Organisationen, die Krisenanfälligkeit der betroffenen Gesellschaften dauerhaft zu reduzieren, das heißt das neuerliche Entstehen von Krisen zu verhindern (zum Beispiel durch den Bau von Dämmen, erdbebensicheren Häusern) oder die Selbsthilfe-Fähigkeiten der Gesellschaft zu stärken (zum Beispiel durch die Ausarbeitung von Notfallplänen, das Erstellen von Frühwarnsystemen). In manchen Fällen werden diese Krisenbewältigungs- und -vorsorgebemühungen zudem gar mit eigentlichen Entwicklungshilfe- oder Friedensförderungsprogrammen gekoppelt, die weit über die Krisenphase hinausreichen und zum Beispiel die Ankurbelung der lokalen Wirtschaft, die Förderung der Zivilgesellschaft, die Stärkung rechtsstaatlicher Strukturen oder schlicht die Beendigung eines Konflikts zum Ziel haben.[24]

Menschenrechte: Der humanitäre Aufgabenkanon hat sich in den letzten Jahren jedoch nicht nur gegenüber Präventions- und Entwicklungsanliegen geöffnet, sondern zunehmend auch in Richtung Menschenrechtsschutz erweitert.[25] Die Angst, in einem Konfliktfeld mit Menschenrechtsaktivitäten den hart erkämpften Zugang zu den Notleidenden aller Lager aufs Spiel zu setzen, hat humanitäre Akteure lange Zeit davon abgehalten, ihre Überlebenshilfe- und Wiederaufbau-Aktionen mit politischem Engagement, mit Menschenrechtsaktivitäten, mit einem offenen Kampf gegen Kriegsverbrecher und Despoten zu koppeln. Während der 90er Jahre aber wich diese Angst in vielen Organisationen der Überzeugung, einzig ein Sowohl-als-auch von Menschenrechts- und humanitärer Arbeit könne eine nachhaltige Verbesserung der Situation der Notleidenden bringen. Zwar stellt auch heute noch kein Hilfswerk in Abrede, dass allzu laute Proteste, allzu klare politische Stellungnahmen angesichts von Menschenrechtsverletzungen mitunter den Handlungsspielraum humanitärer Akteure erheblich einschränken können – kein Despot, kein Kriegsverbrecher duldet auf seinem Territorium humanitäre Helfer, die ihn lauthals anprangern. Trotzdem: Viele humanitäre Organisationen sind heutzutage nicht mehr bereit, ob dieser Risiken komplett auf ein politisches Engagement zu verzichten, den Kampf für eine Ver-

---

24 Vgl. hierzu die Ausführungen zum Kontinuum/Kontiguum-Konzept in Gass, van Dok, 2000, S. 81-88.

25 Gleichzeitig hat sich auch die Menschenrechtsszene gegenüber humanitärem Gedankengut geöffnet. Amnesty International etwa hat im August 2001 ein Positionspapier verabschiedet, in dem sich die Organisation die Zweckbestimmung gibt, „schwere Verstöße gegen die physische und mentale Integrität, die Meinungs- und Pressefreiheit und die Gleichbehandlung zu verhindern und beenden"; statt wie bis anhin zwischen politischen, bürgerlichen Rechten einerseits und ökonomischen, sozialen Rechten andererseits zu unterscheiden und sich vor allem für erstere Rechtsgruppe einzusetzen, hat sich Amnesty International damit dem Kampf für alle Menschenrechte verschrieben. Vgl. Minear, 2002, S. 40.

besserung der Menschenrechtssituation als klar abgesondertes Aktivitätsfeld spezialisierten Menschenrechtsorganisationen zu überlassen und sich selbst vollständig auf das Tätigkeitsfeld der Notlinderung zurückzuziehen. Vielmehr bemühen sich heute viele humanitäre Organisationen, die Grenzen des Möglichen auszuloten, mit Appellen oder mit Lobby-Arbeit in Politik und Medien Druck aufzubauen und Menschenrechtsverletzungen zu bekämpfen.

1.4 Neue Entwicklungen

Doch nicht nur innerhalb der humanitären Gemeinschaft ist es in den letzten Jahren zu vielerlei Fortentwicklungen, Reformen und Neuausrichtungen gekommen – auch ihr Umfeld hat seit dem Ende des Kalten Krieges Veränderungen erfahren. Sowohl die Ursachen humanitärer Krisen (1.4.1) als auch die politischen Rahmenbedingungen humanitärer Hilfseinsätze (1.4.2) haben sich gewandelt:

1.4.1 Krisenursachen

Nur selten sind humanitäre Krisen Resultat eines einzelnen, unabwendbaren Ereignisses. Zwar können Erdbeben, Stürme, Regenfälle, Dürren oder auch technologische Großunfälle Krisen auslösen; häufig bilden aber widrige Umstände wie Armut oder gesellschaftliche Instabilität den „Nährboden", auf dem derartige Naturphänomene oder Unfälle erst ihre verheerende Wirkung entfalten, sich zu humanitären Krisen auswachsen können. Von der Krisenursache zu sprechen ist daher heikel. Sowohl in Katastrophen- als auch in Konfliktkontexten sind humanitäre Krisen Resultat einer unheilvollen Verquickung einer Vielzahl von Faktoren. Faktoren, die zum Teil natürlich und unabwendbar, zum Teil menschengemacht und vermeidbar sind:

Armut: In weiten Teilen der Erde grassiert die Armut auch im 21. Jahrhundert weiter: Gemäß Schätzungen der Weltbank müssen zur Zeit etwa 1,1 Milliarden Menschen mit weniger als einem Dollar pro Tag auskommen. Gerade in Afrika südlich der Sahara sowie in Zentralasien nimmt die Zahl der Betroffenen dramatisch zu: Lebte 1981 in Sub-Sahara-Afrika jeder Zehnte unter der absoluten Armutsgrenze, so war es

2001 bereits jeder Dritte! Diese Zahlen sind alarmierend, ist Armut doch ein Faktor, der – mittelbar und unmittelbar – immer wieder zu humanitären Krisen führt: Zum einen wird es Menschen bei extremem Ressourcenmangel unmöglich, selbst ihre existenziellen Bedürfnisse zu befriedigen – sie geraten in Not und werden von externer Hilfe abhängig; zum anderen führt Ressourcenmangel dazu, dass Gesellschaften ihre natürlichen Lebensgrundlagen übernutzen, ihre gesellschaftlichen Hilfs- und Schutzsysteme überfordern, verletzlich werden und so außergewöhnliche Ereignisse kaum bewältigen können – die zerstörerische Wirkung von Naturkatastrophen oder Großunfällen multipliziert sich, die Not kann sich ungehindert ausbreiten.[26]

Krankheiten: Im letzten Jahrzehnt hat die Zahl der Menschen, die an AIDS,[27] Tuberkulose[28] oder Malaria[29] erkrankt und gestorben sind, dramatisch zugenommen. Obwohl zahlreiche Organisationen mit medizinischen Programmen und Präventionsprojekten den Kampf gegen diese Pandemien aufgenommen haben, sterben jährlich noch immer 3,1 Millionen Menschen weltweit an AIDS, zwei Millionen an Tuberkulose

---

26 Entwicklungsländer erweisen sich angesichts von Technologie- oder Umweltkatastrophen als weit verletzlicher als Schwellen- oder Industrieländer: Während in den Industrieländern 2002 pro Katastrophe durchschnittlich 18 Menschen ums Leben kamen, waren in den Entwicklungsländern pro Ereignis über 550 Tote zu beklagen; obwohl sich 2002 in Entwicklungsländern (174 Fälle) nur unwesentlich mehr Katastrophen ereigneten als in Industrieländern (145 Fälle), entfielen über 41 Prozent aller Katastrophen-Toten auf Entwicklungsländer, nur gerade 6 Prozent auf Industrieländer (Schwellenländer: 447 Katastrophen; 52 Prozent aller Katastrophen-Toten). Vgl. IFRC, 2003, S. 179, 181, 182.

27 Bis dato sind schätzungsweise 22 Millionen Menschen der AIDS-Pandemie zum Opfer gefallen. Weltweit kommen täglich über 13000 HIV-Neuinfektionen zu den bereits weltweit schätzungsweise 45 Millionen Infizierten hinzu. Besonders betroffen sind die Staaten südlich der Sahara, der Karibikraum, Osteuropa sowie Asien. Vgl. www.unaids.org; www.theglobalfund.org.

28 Ein Drittel der Erdbevölkerung ist mit Tuberkulose infiziert, 5 bis 10 Prozent dieser Menschen erkranken schließlich daran. Während die Zahl der Tuberkulose-Fälle in der westlichen Welt deutlich zurückgegangen ist, ist die Tendenz besonders in Südostasien, Osteuropa und südlich der Sahara weiterhin steigend.

29 Jedes Jahr sterben – vor allem in den ärmsten Weltregionen – mindestens eine Million Menschen an Malaria; 300 bis 500 Millionen Menschen sind erkrankt. 90 Prozent aller Opfer leben in Afrika südlich der Sahara.

und eine Million an Malaria.[30] Dieses Wegsterben ganzer Generationen stellt die betroffenen Gesellschaften vor schier unlösbare Probleme, überfordert deren Gesundheits- und Sozialsysteme, schwächt deren Ökonomien, erschwert Entwicklungsbemühungen und reduziert die ohnehin schwachen Krisenbewältigungsmöglichkeiten der Gemeinschaften. Selbst kleinere Katastrophen können sich so zu veritablen humanitären Krisen auswachsen, denen sich die Betroffenen nicht mehr selbst entledigen können.

Naturereignisse: Auch heute noch werden viele humanitäre Krisensituationen von Naturereignissen wie Dürren, Überschwemmungen, Stürmen, Vulkanausbrüchen, Erdbeben oder Erdrutschen ausgelöst. Wie ein Blick auf die Statistiken des letzten Jahrzehnts zeigt, nimmt die Bedrohung durch Naturgefahren gar stetig zu: Ereigneten sich zu Beginn der 90er Jahre durchschnittlich etwa 220 Naturkatastrophen pro Jahr, so kommt es mittlerweile jährlich zu über 410 verheerenden Naturereignissen mit insgesamt 200 bis 600 Millionen Direktbetroffenen.[31] Menschliches (Fehl-)Verhalten scheint diesen Anstieg mitverursacht zu haben – sieht man einmal von Erdbeben/Tsunamis (35 Fälle) und Vulkanausbrüchen (7 Fälle) ab, so sind viele dieser sogenannten Naturkatastrophen eher Resultat menschlicher Handlungen denn Folge unabwendbarer Naturprozesse: So führt zum Beispiel die exzessive Nutzung der natürlichen Lebensgrundlagen (Abholzungen, Verkürzung der Brach-Phase, Irrigationen etc.) in vielen armen, ländlichen Gegenden dazu, dass Böden erodieren, sich Wüsten bilden, Niederschläge nicht mehr gespeichert werden, sondern oberirdisch abfließen; Überschwemmungen, Erdrutsche und Ernteausfälle sind die Folge. Der vor allem in den

---

30 Vgl. www.theglobalfund.org. Die Zahlen beziehen sich aufs Jahr 2002.
31 Datenquelle: Centre for Research on the Epidemology of Disasters (CRED), Louvain University Brüssel (vgl. IFRC, 2003, S. 185, 187). Unter dem Begriff der Katastrophe (disaster) subsumiert das CRED alle nichtkonfliktbedingten Ereignisse, die entweder über 10 Todesopfer fordern oder über 100 Personen schädigen oder einen internationalen Hilfsappell nötig machen oder die Ausrufung des Ausnahmezustandes nach sich ziehen. Der Begriff der Katastrophe kann also keinesfalls mit dem Begriff der humanitären Krise gleichgesetzt werden – noch lange nicht jede Katastrophe wächst sich zu einer humanitären Krise aus, das heißt zu einer Situation, in der Menschen von existenzieller Not betroffen sind, der ihre Gesellschaft, ihr Staat nicht genügend wirksam begegnen kann/will.

Industrie- und Schwellenländern verursachte Anstieg der Treibhausgas-Emissionen führt zudem zu einem globalen Temperaturanstieg und Klimawandel,[32] der sich in einer Verschiebung der Klima- und Vegetationszonen, dem Ansteigen der Meeresspiegel sowie einer Zunahme extremer Witterungen (ausbleibende oder starke Niederschläge, Kälte- oder Hitzeperioden, starke Winde etc.) manifestiert – Dürren, Stürme, Überflutungen und Buschfeuer sind die Folge.[33] Besonders hart treffen diese Ereignisse die Entwicklungsländer, deren Krisenbewältigungsmöglichkeiten aufgrund von Armut und fragilen gesellschaftlichen Verhältnissen ohnehin meist schwach sind.

Technologie-Unfälle: Eine immer rasanter werdende Abfolge technologischer Innovationen hat in den letzten hundert, zweihundert Jahren zu einer grundlegenden Veränderung des menschlichen Lebens, zu einer immer schneller werdenden Erweiterung der menschlichen Möglichkeiten geführt. Gerade in den Bereichen Nahrungsproduktion, Medizin, Transport, Kommunikation, Energienutzung, Chemie, Bau etc. sind viele neue Technologien entwickelt worden. Technologien, die uns das Leben erleichtern, teilweise aber auch große Gefahren bergen: „Tschernobyl" oder „Bhopal" sind längst zu Chiffren geworden, die uns an die Zerstörungskraft ziviler Technologien erinnern. Zwar führt noch lange nicht jede technologische Katastrophe zu einer humanitären Notsituation – in den meisten Fällen ist der Kreis der direkt Betroffenen relativ klein und die betroffene Gesellschaft selbst fähig, der Not wirksam zu begegnen.[34] Gerade Atom- und Chemieunfälle haben aber das Potenzial, sich zu humanitären Krisen auszuwachsen: Eine große Zahl von Menschen kann innerhalb von Stunden die Lebensgrundlage verlieren, dauerhafte Schädigungen davontragen und der natürlichen Ressourcen

---

32 Das Intergovernmental Panel on Climate Change (IPCC, 2001) schätzt, dass sich in diesem Jahrhundert die globale Durchschnittstemperatur um bis zu 5,8 Grad Celsius erhöhen könnte. Vgl. www.ipcc.ch.
33 Gemäß dem World Disasters Report 2003 (IFRC, 2003, S. 187) forderten derartige „hydro-meteorologische" Naturkatastrophen in den Jahren 1993 bis 2002 etwa sechsmal mehr Tote als alle Erdbeben und Vulkanausbrüche zusammen.
34 Während pro Jahr etwa 250 Millionen Menschen von einer Naturkatastrophe betroffen sind (Durchschnitt 1993–2002), haben ca. 74.000 Menschen die Auswirkungen von Technologie-Katastrophen zu erleiden. Dabei handelte es sich in fast 70 Prozent aller Fälle um Verkehrskatastrophen.

beraubt werden. Hilfe von außen kann lebenswichtig werden. Zwar sind in den Industrieländern mittlerweile unter dem Druck der Öffentlichkeit einige Anstrengungen zur Verbesserung der Sicherheit von Energie- und Chemieanlagen unternommen worden; die Gefahren, die von schlecht gewarteten oder gar unkontrolliert verrottenden Technologieanlagen in Schwellen- und Entwicklungsländern ausgehen, haben im letzten Jahrzehnt aber tendenziell zugenommen. Gerade die in der ehemaligen Sowjetunion vor sich her rostenden zivilen und militärischen Nukleareinrichtungen stellen eine Gefahrenquelle dar, die weltweit für Not und Leid sorgen könnte.

Kriege: Kriegerische Auseinandersetzungen sind noch immer eine der Hauptursachen menschlichen Leidens. Der Umstand, dass in heutigen Konfliktzonen die Linie zwischen Nichtkombattanten und Kombattanten immer stärker verwischt, die Zivilbevölkerung immer häufiger zum Hauptziel militärischer Aktionen wird,[35] potenziert die humanitären Auswirkungen bewaffneter Konflikte weiter. Längst stehen sich nicht mehr straff organisierte, hierarchisch kontrollierte Heere auf begrenzten, wohl definierten Schlachtfeldern gegenüber – der klassische, zwischenstaatliche Krieg ist zur Ausnahme geworden. Vielmehr werden die heutigen Konfliktfelder von einer Vielzahl substaatlicher Akteure dominiert, die bereit sind, den Krieg in jede Ecke der Gesellschaft zu tragen:[36] Durch Zwang und Drogen zusammengehaltene Kindersoldaten-Gangs, marktwirtschaftlich geführte Söldnerfirmen, religiös motivierte Terrorzellen, profitorientierte Guerillatruppen und Räuberbanden,[37] ethnopolitisch verblendende Kampfgruppen – sie alle erachten die Zivilbevölkerung als legitimes Angriffsziel, die systematische Verletzung von Menschenrechten als legitime Kriegsstrategie. In den Kriegszonen unserer Zeit sind so Massenmorde an Zivilisten, Verstümmelungen, Vertreibungen, Entführungen, Folterungen, systematische Vergewaltigungen, Zwangsrekrutie-

---

35 Zu den Charakteristiken des heutigen Krieges vgl. van Creveld, 1998, 2000; Renner, 2000.

36 Substaatliche Kriegsakteure kümmern sich oft um keine Landesgrenzen und operieren transnational: Einige entziehen sich jeglicher staatlichen Kontrolle oder nutzen ein bestehendes Machtvakuum aus (zum Beispiel in Afghanistan); andere wiederum handeln im Auftrag oder mit dem Einverständnis ihres Staates und fungieren als Herrschaftsinstrument im Inland (zum Beispiel Paramilitärs in Kolumbien) oder als destabilisierende Kraft im Ausland (zum Beispiel ruandische Gruppen im kongolesischen Kivu).

rungen, Sklaverei etc. zum schrecklichen Alltag geworden.[38] Zu einem Alltag, der zum einen die Betroffenen immer mehr von humanitärer Hilfe, von Menschenrechts- und Schutzmaßnahmen[39] abhängig macht, zum anderen die Arbeit der humanitären Helfer und Menschenrechtsaktivisten komplizierter und gefährlicher macht: Gerade die Vielzahl an kleinen, sich stetig verändernden Kriegskoalitionen, die Vielzahl von ideologisch kaum zu verortenden, ökonomisch orientierten Warlords und Kriminellenorganisationen machen das Einsatzfeld humanitärer Helfer zu einem unberechenbaren und damit gefährlichen Terrain.[40]

Terrorismus: Der Anschlag vom 11. September 2001 auf das World Trade Center hat auf grauenhafte Weise gezeigt, wie viel Leid und Zerstörung Terroranschläge anrichten können. Zwar hat bis anhin noch kein Attentat eine humanitäre Notsituation ausgelöst – bis anhin war es

---

37   Immer häufiger werden Kriege von ökonomisch orientierten Warlords dominiert, die den Krieg nicht so sehr als notwendiges Übel auf dem Weg zur Erreichung eines hehren politischen Zieles erachten, sondern vielmehr als wirtschaftlich einträglichen Dauerzustand betrachten, den es zu erhalten gilt. Denn: Nur im Zustand des Krieges können sie ihre Macht ausbauen, die Zivilbevölkerung ausrauben (Erpressung, Raub, Prostitution, Sklavenhandel etc.), die natürlichen Ressourcen ausbeuten (Diamanten, Mineralien, Holz etc.) oder Drogen anbauen.

38   Dass selbst derartige Verbrechen mitunter als „humanitäre Katastrophen" bezeichnet werden, ist alles andere als eine harmlose sprachliche Unachtsamkeit: Die aus Kriegen, Vertreibungen, Massenmorden etc. resultierende Not ist keine Katastrophe – sie ist kein Naturereignis, kein unwillentlich eintretendes Unglück. Vielmehr ist sie Produkt menschlichen Handelns, menschlichen Wollens und Nichtwollens! Wer in solchen Fällen von „humanitären Katastrophen" spricht, negiert diesen Aspekt und entlässt die Menschen, die die Krise hätten verhindern können, implizit aus ihrer Verantwortung. Im Folgenden wird der Einsatzkontext humanitärer Helfer daher stets als „humanitäre Krise" oder „humanitäre Notsituation" bezeichnet; von „humanitärer Katastrophe" wird niemals die Rede sein.

39   Unter den Stichworten Advocacy und Protection hat der Aufgabenbereich des Menschenrechtsschutzes in den letzten Jahren Eingang in die Strategien einiger humanitärer Akteure gefunden. Damit wurde der klassische humanitäre Aufgabenkanon der Überlebenssicherung und des Wiederaufbaus erheblich erweitert und in Richtung Menschenrechtsarbeit verschoben.

40   Seit Ende der 80er Jahre hat die Zahl der im Feld getöteten humanitären Helfer tendenziell zugenommen Vgl. hierzu Sheik et al., 2000, S. 166-168.

den regulären Rettungsdiensten der betroffenen Gesellschaften noch möglich, der entstehenden Not selbst Herr zu werden. Gemäß Einschätzung von Experten ist die Gefahr aber relativ groß, dass es international vernetzten, gut finanzierten Terrororganisation gelingen könnte, nukleares Material zu beschaffen, um sogenannte Dirty Bombs[41] zu bauen und einzusetzen, tödliche chemische Stoffe oder hochinfektiöse Krankheitserreger freizusetzen (Cadisch, 2005). Im Falle eines derartigen Anschlages könnten Krisen größeren Ausmaßes entstehen: Innerhalb kürzester Zeit könnten Hunderte von Menschen kontaminiert, angesteckt, vergiftet oder verstrahlt werden, könnten ganze Landstriche unbewohnbar, viele Quadratkilometer Land auf Jahre hinaus für jegliche landwirtschaftliche Nutzung unbrauchbar werden. Der Einsatz von humanitären Helfern könnte so unabdingbar werden.

1.4.2 Politische Rahmenbedingungen

In den letzten Jahren ist es allerdings nicht nur im Bereich der Krisenursachen, sondern auch im politischen und gesellschaftlichen Umfeld der humanitären Helfer zu großen Veränderungen gekommen:

Mediatisierung: Die mit dem Biafra-Krieg einsetzende Mediatisierung des humanitären Feldes hat sich in den 90er Jahren deutlich verstärkt; nie zuvor kam den Medien im humanitären Kontext eine größere Bedeutung zu als heute. Dank moderner Informationstechnologien können Medienkonsumenten heutzutage selbst aus den entlegensten Weltgegenden Berichte in Echtzeit empfangen und in Ton und Bild live über Krisen informiert werden, die früher wohl unbeachtet geblieben wären. Diese neue Unmittelbarkeit der Medien führt einerseits dazu, dass einigen Konflikt- oder Katastrophengebieten in Öffentlichkeit und Politik mehr Beachtung geschenkt wird; damit werden humanitäre Aktionen möglich, für die früher der politische Wille und die nötigen Finanzen gefehlt hätten. Andererseits kommt den elektronischen Medien gerade aufgrund ihrer Unmittelbarkeit und Geschwindigkeit eine Definitionsmacht zu, deren Auswir-

---

41   Der Begriff Dirty Bombs bezeichnet konventionelle Bomben und Raketen, deren Sprengkopf mit radioaktiven Stoffen versetzt ist. Bei der Explosion setzen Dirty Bombs ihre radioaktiven, zum Teil giftigen Zusatzstoffe frei und führen in weitem Umkreis zur Schädigung von Mensch und Tierwelt sowie der natürlichen Ressourcen. Vgl. USNRC, 2003.

kungen nicht immer im besten Interesse der Notleidenden sind: Ist ein bestimmtes Kriegs- oder Katastrophengebiet den großen Medien-Players keine ausführliche Berichterstattung wert, ist die Krise für Millionen von Medienkonsumenten so gut wie inexistent, die Finanzierung von Hilfsaktionen beinahe unmöglich – weder für institutionelle noch für private Geldgeber ist die Krise „ein Thema". Die Ansprüche an die humanitären Akteure sind damit gestiegen: Wollen humanitäre Organisationen ihre Hilfsaktivitäten an der wahren „Geografie der Not" ausrichten und dort tätig werden, wo ihre Hilfe am meisten benötigt wird, so ist dies heute schwieriger denn je – nie waren humanitäre Hilfsaktionen so stark von der öffentlichen Beachtung, vom medialen Interesse an einem potenziellen Einsatzgebiet abhängig wie heute.[42]

Interventionismus: Eine weitere wichtige Entwicklung stellt die zunehmende Infragestellung des Souveränitätsprinzips auf internationalem Parkett dar: Seit Ende des Kalten Krieges zeigen sich westliche Staaten vermehrt bereit, das in der UN-Charta verbriefte Nichteinmischungsgebot zu missachten und in Krisenregionen mit wirtschaftlichen oder militärischen Zwangsmaßnahmen zu intervenieren.[43] Folgende Faktoren mögen dazu beigetragen haben:

• Nach 1989 gewann die UNO an Handlungsfähigkeit, Militärinterventionen zur Sicherung des internationalen Friedens gemäß Kapitel VII der UN-Charta wurden möglich.

• Mit der Auflösung der Patt-Situation des Kalten Krieges schien die Gefahr gebannt, dass eine Intervention zum Flächenbrand mit weltweiten Folgen ausarten könnte.

• Die unerwartete, friedliche Auflösung der jahrzehntelangen Bedrohungssituation ließ zudem die Hoffnung aufkommen, auch andere Probleme seien schnell und global – zum Beispiel mit internationalen Friedenstruppen – lösbar.[44]

• Dank neuer Berichterstattungsmöglichkeiten wurde bisher unbemerkte Not an der Peripherie des westlichen Kosmos zur belasten-

---

42 Vgl. hierzu Kapitel 2.6.
43 Alleine zwischen 1989 und 1999 wurden unter UN-Führung mehr als doppelt so viele humanitäre Missionen gestartet wie in den 40 Jahren zuvor. Vgl. Debiel, 2003, S. 12.

den Medien-Wahrheit, die Gegenmaßnahmen verlangte. Denn: „Wir intervenieren nicht nur, um andere zu retten, sondern auch, um (...) das Bild, das wir von uns als den Verteidigern des universalen Anstands haben, zu retten." (Ignatieff, 2000, S. 120)

- Der öffentlichen Entrüstung folgend setzte sich in der Politik zunehmend die Ansicht durch, die Welt dürfe nicht mehr länger tatenlos zusehen, wenn Kriegsverbrechen, Völkermorde oder schwere Menschenrechtsverletzungen begangen würden; Protagonisten wie etwa Boutros Boutros Ghali, Kofi Annan oder Robin Cook setzten sich dafür ein, dass die internationale politische Agenda auch die Dimension des Humanitären, der Gerechtigkeit und der Menschenrechte thematisieren müsse.[45]

- Mit den Terroranschlägen auf New York oder Madrid setzte sich schließlich in den Verteidigungsministerien die Einsicht durch, dass selbst so entlegene Krisenherde wie Afghanistan Auswirkungen auf den Westen haben können. Einsätze in Krisenregionen des Südens wurden so für viele westliche Armeen zum integralen Bestandteil ihres „Kriegs gegen den Terror".

Diese neue Interventionsbereitschaft führte dazu, dass in den 90er Jahren immer mehr westliche Militärs in den humanitären Krisenregionen des Südens auftauchten. Eine neue Nähe von Humanitären und Militärs war die Folge: Immer öfter versuchten sich Militärs als humanitäre Helfer, immer öfter nahmen umgekehrt humanitäre Organisationen die Schutz- und Logistik-Dienste der „wohlgesinnten" Armeeverbände in Anspruch. Inwieweit diese neue Nähe von zivilen und militärischen Akteuren die humanitäre Hilfe letztlich stärkt oder schwächt, ist umstritten – die Diskussionen in der humanitären Szene gehen weiter.[46]

---

44 Epitom dieser Stimmung ist nicht nur Fukuyamas „Ende der Geschichte" (1992), sondern auch die zahlreichen, mit großen Hoffnungen verbundenen Weltkonferenzen der 90er Jahre. Vgl. hierzu Fues, Hamm, 2001; Messner, Nuscheler, 1996.

45 Gerade die Fortschritte im Bereich des internationalen Rechts, die Schaffung der Kriegsverbrechertribunale für Ruanda und Jugoslawien oder des internationalen Strafgerichtshofs in Den Haag zeigen diese Entwicklung auf. Vgl. Beach, Isbister, 2000, S. 2; Duffield, 2001 und www.un.org/law.

46 Zur Problematik zivil-militärischer Zusammenarbeit im humanitären Kontext vgl. Kapitel 2.2.

Politisierung: Ebenfalls umstritten ist die seit einigen Jahren feststellbare Tendenz westlicher Staaten, humanitäre Hilfe vermehrt als Instrument der Außenpolitik denn als bloßes Instrument der Not-Bekämpfung zu betrachten: Dem publikumswirksamen „Kohärenz"-Postulat folgend, haben sich verschiedene Staaten daran gemacht, ihre diplomatischen, wirtschaftlichen, militärischen und humanitären Aktivitäten aufeinander abzustimmen, das heißt die humanitäre Hilfe in den Kanon der gängigen außenpolitischen Instrumente einzureihen, humanitäres Engagement von politischen Erwägungen abhängig zu machen und Hilfsaktionen zur Erreichung politischer Ziele zu nutzen.[47] Diese Tendenz stößt innerhalb der humanitären Gemeinschaft nicht nur auf Wohlwollen: Zwar können sich alle humanitären Akteure der Forderung nach einem effizienten, koordinierten Vorgehen in humanitären Krisensituationen anschließen; daraus aber abzuleiten, dass humanitäre Hilfe zum Instrument der Politik werden dürfe, geht vielen Humanitären zu weit. In ihren Augen muss humanitäre Hilfe weiterhin außerhalb der Außenpolitik, außerhalb aller wirtschaftspolitischen, geostrategischen oder militärischen Erwägungen stattfinden – und einzig dem Zweck der Notlinderung dienen.

---

47   Zur „Kohärenz"-Problematik vgl. Kapitel 2.4.

2. Politische Spannungsfelder der humanitären Hilfe

Die in Kapitel 1 gezeigten Veränderungen der Rahmenbedingungen und Ursachen humanitärer Krisen haben dazu geführt, dass sich humanitäre Akteure heute einer Reihe von Spannungsfeldern gegenüber sehen. Diese Spannungsfelder sind nicht neu, haben sich aber drastisch verschärft. Mit ihnen verantwortungsvoll umzugehen, stellt vielfach eine Gratwanderung dar: So sehen sich humanitäre Organisationen beispielsweise vor die Entscheidung gestellt, unter welchen Bedingungen sie mit militärischen Akteuren zusammenarbeiten, wie weit sie ungewollte schädliche Nebenwirkungen ihres Engagements in Kauf nehmen oder ob sie ihre humanitäre Hilfe mit politischem Engagement anreichern wollen. Die folgenden sieben politischen Spannungsfelder haben sich in den letzten Jahren als besonders schwierig herausgestellt.

2.1 Militärinterventionen

Mit Macheten, Knüppeln, Bambusspießen und Gewehren bewaffnet, machten sich Anfang April 1994 in Ruanda Soldaten, Polizisten und gewöhnliche Bürger der Hutu-Mehrheit daran, ehemalige Nachbarn und Freunde, die sie nun der Hutu-Feindschaft bezichtigten, in Schulen, Kirchen, Spitälern und Dorfzentren zusammenzutreiben und dort zu erschlagen. Das unter den Hetztiraden von Radio Milles Collines losbrechende Morden, Vergewaltigen und Verstümmeln sollte zweieinhalb Monate anhalten und am Ende über eine halbe Million Tote und ein Mehrfaches an Verkrüppelten, Waisen und Vertriebenen zurücklassen. Zwar realisierte die breite Öffentlichkeit im Norden erst nach und nach, dass sich in jenen Frühsommer-Wochen in Ruanda ein staatlich initiierter, minutiös geplanter und kaltblütig ausgeführter Völkermord – und nicht etwa eine Neuauflage jahrhundertealter „Stammesfehden" – abgespielt hatte.[48] Den Geheimdienst- und Militärzentralen, Außenministerien und UNO-Gremien in New York, Washington, Brüssel und Paris aber lagen bereits Monate vor den ersten Tötungsaktionen Informationen über die Genozid-Pläne des rassistischen Hutu-Regimes in Kigali vor. Die politischen Global Players entschieden sich aber, die Warnsignale zu ignorieren. Statt entschlossen gegen den „angekündigten Völkermord" vorzugehen, zogen sie sich aus der Verantwortung und blieben untätig – das Morden konnte beginnen.[49]

46 Jahre nach der Verabschiedung der Universalen Erklärung der Menschenrechte führte der ruandische Völkermord schmerzhaft vor Augen, dass mitunter weder jahrelanges, internationales Engagement für Frieden, Menschenrechte und Entwicklung noch das wachsame Auge der Weltmedien einen Völkermord verhindern können. „Ruanda" ist so für viele zum Symbol für die Machtlosigkeit von Gewaltlosigkeit angesichts menschenverachtender Gewaltregime geworden: Offenbar kann in bestimmten Situationen nur noch mit Gewalt gegen das organisierte Morden, Vergewaltigen, Verstümmeln und Vertreiben angegangen werden. In diesem Sinne ist „Ruanda" nicht nur als Chiffre für das Ver-

---

48   Bartholomäus Grill, der langjährige Afrika-Korrespondent der „Zeit", schrieb vier Jahre danach: „Als die ersten Horrorberichte durchsickerten, sandte ich eine kurze Depesche nach Europa. Tenor: Stammeskrieg im Herzen des Kontinents – das Übliche. Es sollte der unverzeihlichste Irrtum in meiner Zeit als Korrespondent in Afrika sein" (Grill, 1998).

49   Im Herbst 1993 waren 2.500 UNO-Blauhelme in Ruanda stationiert worden, um die Einhaltung des Arusha-Abkommens, in dem sich die Bürgerkriegsparteien zuvor auf einen Waffenstillstand, Demilitarisierungsaktionen und institutionelle Reformen verständigt hatten, zu überwachen. Derweil bereiteten aber hinter den Kulissen extremistische Hutu-Politiker Kampagnen zur kompletten Ausrottung der Tutsi- und Twa-Minderheiten sowie aller gemäßigten Hutu vor. Spätestens im Januar 1994 erfuhren die Entscheidungsträger im Norden von diesen Genozid-Plänen – der Chef des UN-Kontingents telegrafierte detaillierte Angaben über den geplanten Völkermord an die New Yorker Zentrale. Das Attentat auf Staatspräsident und Hutu-Vertreter Habyarimana im April 1994 gab dann den paramilitärischen Hutu-Milizen, Polizeiverbänden und angeworbenen Zivilisten den Startschuss und Vorwand für das Pogrom. Aufgrund Ressourcenknappheit und der strikten Order aus New York, am engen Peacekeeping-Mandat festzuhalten, mussten die UNO-Soldaten tatenlos zusehen. Die Tötung von zehn belgischen Blauhelmen führte Ende April dann gar zum weitgehenden Abzug der UNO-Peacekeepers. Vgl. hierzu Debiel, 2003, S. 179-189; Weiss, 1999a, S. 137-165; Des Forges, 2002; Dallaire, Beardsley, 2003.

sagen der „internationalen Gemeinschaft" zu lesen, sondern auch als Argument für militärische Interventionen bei humanitären Krisen.[50]

2.1.1 Interventionsskepsis

Obwohl kaum jemand bestreitet, dass im April 1994 in Ruanda einzig ein entschlossenes militärisches Eingreifen Hunderttausende vor dem Tod hätte retten können,[51] mögen deswegen nicht alle Kommentatoren zu Verfechtern solcher Interventionen werden. Gerade der Versuch der Bush-Regierung, den Irak-Feldzug von 2003 auch humanitär zu begründen,[52] schürte neues Misstrauen gegenüber Militäroperationen im Namen der Humanität. Die in der öffentlichen Debatte zu Tage tretende Skepsis oder gar Ablehnung gründet dabei weniger auf einer pazifistischen Fundamentalopposition (Slim, 2001, S. 8-13) als auf begründeten Zweifeln an der Nützlichkeit, Wirksamkeit, Fairness oder Legitimität von Militärinterventionen für humanitäre Ziele. Im Wesentlichen lassen sich vier Quellen der Skepsis ausmachen:

Erosion des Humanitätsbegriffs?

Die Idee der „humanitären Militärintervention" stößt gerade bei vielen zivilen Akteuren auf Ablehnung, da sie darin eine gefährliche konzeptuelle Vermischung verschiedenartiger Ansätze sehen. Humanitäres Handeln sei seiner Natur gemäß apolitisch: Nicht die Lösung von Konflikten,

---

50 Vgl. hierzu Bettati, Kouchner, 1987; Weiss, 1996; Weiss, Collins, 1996; Debiel, Nuscheler, 1996; Dallaire, 1998; Annan, 1998b; Annan, 2000b.

51 Zwar hätten vor diesem Zeitpunkt ohne Zweifel nichtmilitärische Möglichkeiten bestanden, den angekündigten Völkermord zu verhindern, die Genozid-Vorbereitungen der Regierung im Keim zu ersticken. Im April 1994 war es jedoch nach Ansicht vieler Beobachter nicht mehr möglich, dem beginnenden Morden ohne Rückgriff auf Waffengewalt Einhalt zu gebieten. Vgl. hierzu Human Rights Watch, 1999; Tanguy, 2000.

52 Die Administration Bush argumentierte vorerst, Saddam Hussein bedrohe die internationale Sicherheit und den Frieden; gemäß Artikel 39 und 42 der UN-Charta wäre der Sicherheitsrat somit ermächtigt gewesen, gewaltsam einzugreifen. Nachdem sich dieser völkerrechtliche Legitimierungsversuch als ungenügend erwies, stellte Bush seinen Feldzug begrifflich in die Nähe humanitärer Interventionen, indem er auf die Eliminierung eines menschenverachtenden Regimes verwies.

die Veränderung ungerechter Gesellschaftsverhältnisse, die Wiederherstellung einer Rechtsordnung oder gar die Strafverfolgung von Kriegsverbrechern seien Ziele humanitären Handelns, sondern einzig die Linderung aktueller menschlicher Not. Militärinterventionen aber seien stets politische Aktionen, die auch Veränderungen in den erwähnten Bereichen zum Ziel hätten. Durch die Vermischung beider Ansätze erodiere das Konzept der „humanitären Militärintervention" den Humanitätsbegriff und führe sowohl die zivilen als auch die militärischen Akteure in die Bredouille: Zivile büßten aufgrund der Militarisierung – und damit Politisierung – des Humanitären die Aura des neutralen, unpolitischen Helfers ein.[53] „Militärische Helfer" umgekehrt würden vor die unlösbare Aufgabe gestellt, im dreckigen Geschäft des Krieges eine reine, „humanitäre" Weste zu behalten. Angesichts dieser Widrigkeiten dürften gewaltsame Aktionen – welch löblichem Motiv sie auch entsprängen – niemals als humanitär verbrämt werden (Ryniker, 2001; Tauxe, 2000; Tanguy, 2000).[54]

Mehr Schaden als Nutzen?

Andere kritisieren, Gewalt könne zwar durchaus legitimes Mittel zur Verhinderung von Menschenrechtsverletzungen, Kriegsverbrechen oder

---

53 Comtesse bemerkt hierzu: „Immer mehr kommen wir zur Ansicht, dass das einzig akzeptable Resultat humanitärer Bemühungen die Erreichung von Frieden ist. Heutzutage darf sich humanitäres Wirken nicht mehr nur auf die unmittelbare, unpolitische Nothilfe an Kriegsopfer beschränken, sondern muss auch als Instrument der Friedensförderung dienen. Und Friedensförderung ist per definitionem politisch. Friedensförderung heißt Kompromiss, wohlkalkulierte Eigeninteressen, militärische Realitäten, Überdruss und Hoffnung. Dabei kann kein Zweifel daran bestehen, dass die Sicherheit von humanitären Helfern gerade von der unpolitischen Natur ihrer Aktivitäten abhängen würde" (Comtesse, 1997, S. 149; Übersetzung d.V.). Vgl. auch Slim, 2001, S. 7-8; Tanguy, 2000, S. 3.

54 Kofi Annan warnt: „Hören wir doch sofort damit auf, militärische Operationen als ‹humanitär› zu bezeichnen. Sicher, militärische Unternehmen können auch humanitäre Motive haben. Trotzdem sollten derartige Interventionen nicht als humanitäre Aktionen missverstanden werden. Denn sonst wird es eines Tages soweit kommen, dass Ausdrücke wie ‹humanitäres Bombardement› gebraucht werden – und die Öffentlichkeit der humanitären Idee nur noch mit Zynismus begegnet" (Annan, 2000a, S. 3; Übersetzung d. V.).

Völkermorden sein. Die Erfahrung zeige aber, dass „humanitäre Militärinterventionen" mehr Leid erzeugten als verhinderten. Stets seien die menschlichen Kosten größer gewesen als der humanitäre Nutzen. Ursache dafür sei, dass die Armeeeingriffe in der Regel zu spät eingeleitet, schlecht geplant und nur halbherzig durchgeführt worden seien; zudem habe es oft an einem klaren Mandat, der nötigen Ausrüstung und den minimalen personellen Ressourcen gemangelt (Annan, 1998b; Isbister, 2000). Gerade die Vorfälle in Somalia zeigten, dass Militärinterventionen zwar kurzfristig humanitäre Ziele erreichen könnten, das Eingreifen ausländischer Truppen aber oft die herrschenden Konflikte anheize, zu mehr Toten, weiterer Zerstörung und nicht zuletzt zu einer Verhärtung der Fronten führe, was den zivilen humanitären Akteuren oft für lange Zeit verunmögliche, ihre Arbeit wieder aufzunehmen (Annan, 1998b, S. 67).

Der Widerwille der Industrienationen, ihre Soldaten humanitärer Gründe wegen Gefahren auszusetzen und sterben zu sehen (Hassner, 1998, S. 14-15; Kagan, 2002), lasse die Gesamtbilanz des militärischen Interventionismus gar noch schlechter ausfallen: Um die eigenen Truppen zu schützen, seien westliche Eingreiftruppen in den 90er Jahren dazu übergegangen, den Feind aus großer Höhe mit Bomben und Raketen anzugreifen; Folge sei, dass neben gegnerischen Soldaten und Milizionären ein Vielfaches an Zivilisten und nichtmilitärischer Infrastruktur von den Angriffen betroffen sei. Gerade der zunehmende Einsatz von indiskriminatorischen Waffen wie Streubomben führe dazu, dass die Zivilbevölkerung in ungekanntem Ausmaß unter den Militäraktionen zu leiden habe.[55]

Die Dichotomie von Kombattanten und Zivilisten, die den klassischen Krieg auszeichnet und im humanitären Kriegsrecht der Haager und Genfer Konventionen Niederschlag fand, werde in den „humanitären Interventionen" der Gegenwart durch die Logik der Force Protection verdrängt: Der Schutz und Respekt, der im klassischen Krieg noch den Zivilisten zuteil wurde, komme in den „humanitären Interventionen" der Gegenwart den eigenen Soldaten zu; das Risiko der Schlacht dage-

---

[55] Amnesty International (2000) bezichtigt die NATO, mit dem Einsatz von indiskriminatorischen Waffen während der Operation Allied Force 1999 in Jugoslawien Kriegsverbrechen begangen zu haben. Vgl. auch Beach, Isbister, 2000, S. 10-11; ICBL, 1999; Ramonet, 2002, S. 151-153; Gresh, 1999, S. 1.

gen werde von den Zivilisten getragen. Diese Perversion der Schutz-
und Gefahrenverteilung im Krieg führe zu höheren Opferzahlen und lasse den Eindruck aufkommen, den Industrienationen sei das Leben frem-
der Zivilisten weniger wert als das der eigenen Soldaten. In der Folge
werde das Klima im Einsatzgebiet auf Jahre hinaus vergiftet, die Haltung gegenüber westlichen Akteuren zunehmend radikalisiert und somit
jedes Engagement ziviler humanitärer Helfer verunmöglicht.

Untergrabung der internationalen Ordnung?

Eine dritte Kritik moniert, „humanitäre Militärinterventionen" seien
nichts als Etikettenschwindel. Der Ruf nach militärischem Eingreifen
bei angeblich unhaltbaren humanitären Zuständen diene Interventions-
staaten oder -bündnissen nur dazu, die militärische Durchsetzung von
Partikulärinteressen im Ausland zu kaschieren. Gerade Regierungsver-
treter kleiner, schwacher Staaten sehen darin ein trojanisches Pferd, mit
dem das alte imperiale Instrument der Auslandsintervention[56] wieder in
den Kanon der legitimen Politikmittel eingereiht wird. Andere wiederum kritisieren, wer „humanitären Militärinterventionen" das Wort rede,
untergrabe damit nicht nur das Prinzip der Nichteinmischung und Souveränität von Staaten, sondern weiche auch das völkerrechtliche Verbot
von Angriffskriegen[57] auf.

Dieser Kritikansatz offenbart eine Verwerfungslinie, die das internationale System bereits seit Ende des Zweiten Weltkrieges durchzieht und
ihren Ursprung in der Widersprüchlichkeit zweier Grundprinzipien hat:
Während das Souveränitätsprinzip gemäß UN-Charta den Staaten die
grundsätzliche Kompetenz einräumt, über innere Angelegenheiten
letztgültig zu entscheiden, gesteht die Idee der Universalität der Menschenrechte jedem einzelnen Bürger ein Bündel unveräußerlicher Rechte zu, die gerade auch gegenüber dem eigenen Staat eingefordert werden
dürfen (Wheeler, 2004). Greift der Staat in diese Rechte ein, so kommt

---

56   Bereits der Kolonialismus wurde einstmals als zivilisatorischer Akt, als
Akt der Humanität gepriesen; ebenso verbrämte die UdSSR den Einmarsch in
Ungarn, der CSSR und Afghanistan als Akt der „Solidarität", um der „Freiheit"
zum Durchbruch zu verhelfen. Vgl. Hippler, 1996, S. 77-78.
57   Vgl. hierzu Art. 2 (4) der UN-Charta.

es zu einer Kollision zwischen der Universalität der Menschenrechte und dem Souveränitätsprinzip.

Vor diesem Hintergrund lässt sich die Kritik von Regierungsvertretern am „militärischen Humanitarismus" als klare Parteinahme fürs Souveränitätsprinzip verstehen. Dabei gründet diese zwar auch auf der Sorge vor Fremdbestimmung, Destabilisierung und Krieg (Hoffmann et al., 1996, S. 15). Vor allem aber spiegelt sie die Angst von Staatenlenkern wider, für ihre Verbrechen an der eigenen Bevölkerung an den Pranger gestellt und zur Rechenschaft gezogen zu werden. So erstaunt es nicht, dass das Souveränitätsprinzip gerade von Verteidigern der Menschenrechte immer mehr unter Beschuss genommen wird. Im Wesentlichen werden zwei Einwände vorgebracht:

Zum einen wird die absolute Geltung des Souveränitätsprinzips bestritten. Das internationale Recht, die Interdependenz der modernen Weltwirtschaft, der heutige „Weltmarkt der Ideen" (Hoffmann et al., 1996, S.18), der Zusammenbruch „schwacher", „missglückter" oder „Quasi-Staaten" (Jackson, 1990; Migdal, 1988) sowie der transnationale Charakter moderner Bedrohungen wie Umweltkatastrophen, Massenvernichtungswaffen oder Terrorismus zeige, dass die Souveränität von Staaten stets nur partiell sein könne und längst einem Regime der gegenseitigen Einflussnahme gewichen sei (Hassner, 1998, S. 11; Hoffmann et al., 1996, S. 15): „Handel, Politik, Umweltverschmutzung, Ideologien, Flüchtlinge, Medien – all dies und vieles mehr überschreitet Grenzen und unterhöhlt das Konzept der absoluten Souveränität" (Isbister, 2000, S. 5, Übersetzung d.V.).

Zum anderen deuten Menschenrechtsverfechter den Souveränitätsbegriff um und ordnen ihn der Menschenrechtslogik unter. UNO-Generalsekretär Kofi Annan oder die von Kanada initiierte International Commission on Intervention and State Sovereignty (ICISS) etwa postulieren, Souveränität bedeute nicht, dass der Staat innerhalb seiner Grenzen tun und lassen dürfe, was er wolle; vielmehr verpflichte sie den Staat, auf seinem Territorium „zum Rechten zu sehen". Souveränität heiße, dass der Staat die „Verantwortung zum Beschützen" (ICISS, 2001) seiner Subjekte wahrnehmen müsse: „Die UN-Charta schützt die Souveränität der Völker. Nie war sie als Freipass für Regierungen gedacht, Menschenrechte und Menschenwürde mit Füßen treten zu dürfen" (Annan, 1999). Dulde oder verursache der Staat schwere Menschenrechtsverletzungen, so falle die Verantwortung auf die Weltgemeinschaft zurück.

Die so verstandene „Souveränität als Verantwortung" (Annan, 2000b) berechtige, ja verpflichte die Weltgemeinschaft gar, in die inneren Angelegenheiten der versagenden Staaten einzugreifen. Nicht nur der Menschen, sondern auch gerade der internationalen Ordnung wegen: Verbrecherische Regime gefährdeten die internationale Sicherheit und Ordnung weit stärker als das fallweise Abweichen vom Nichteinmischungsgebot.

Umstritten bleibt dabei aber die Frage, unter welchen Umständen sich die Weltgemeinschaft berechtigt oder gar verpflichtet sehen sollte, das Nichteinmischungsgebot zu missachten und eine Intervention zu starten. Was den einen als zwingender Grund für eine Intervention gilt, ist für andere eine fadenscheinige Ausrede zur Kaschierung ungerechtfertigter Einmischungen. Diese Uneinigkeit per se ist zwar noch kein stichhaltiges Argument gegen die fallweise Notwendigkeit von Militäraktionen, wird doch selbst die bestbegründete Intervention auf Widerstand stoßen – zumindest die inkriminierten Regenten werden sich jeder „Einmischung in die inneren Angelegenheiten" entgegenstellen. Trotzdem wäre es in den Augen vieler Beobachter nützlich, wenn die internationale Gemeinschaft die Frage, unter welchen Umständen eine Intervention legitim, unter welchen gar zwingend ist, rechtlich verbindlich beantworten würde – nur so könnte der Willkür Einhalt geboten werden, die die bisherige Interventionspraxis prägt.

Fehlende Glaubwürdigkeit und Legitimität?

Gerade hier setzt die Kritik einer vierten Gruppe von Skeptikern an: Die bisherige Interventionspraxis zeige, dass – aller humanitären Rhetorik zum Trotz – allein politische Interessenserwägungen darüber entschieden, ob einem menschenverachtenden Regime ein Ende gesetzt werde oder nicht. Resultat sei eine Willkür, die die Idee humanitärer Militärinterventionen diskreditiere: Nur dort werde eingegriffen, wo sich die humanitären Bedürfnisse notleidender Menschen zufälligerweise mit den strategischen Interessen einer potenziellen Interventionsmacht, den egoistischen Interessen der verantwortlichen Politiker, dem voyeuristischen Interesse der Medienöffentlichkeit sowie den institutionellen Interessen bereitstehender Militärverbände überlappten. Ohne diese Überschneidung könne die menschliche Not noch so groß sein – zu einer Intervention komme es nicht (Hippler, 1996, S. 84-91): Die „humanitäre Pflicht"

49

der „Weltgemeinschaft" gerate so zur bloßen Farce: „Wieder einmal sind die Menschenrechte der Willkür der Realpolitik ausgeliefert" (Beach, Isbister, 2000, S. 12, Übersetzung d.V.).

Zwar gehen nur wenige Kritiker soweit, dieser Ungleichbehandlungs- und Fairness-Bedenken wegen die Einstellung aller „humanitären Militäraktionen" zu fordern. Solange sich Entscheide aber eher nach den Eigeninteressen der Intervenierenden denn nach den Bedürfnissen der Notleidenden richten, entbehrt die Idee humanitär motivierter Militäraktionen in den Augen vieler Kritiker jeder Glaubwürdigkeit. Selbst UN-gestützten, vom Sicherheitsrat gebilligten oder initiierten Interventionen wird teilweise eine höhere Legitimation abgesprochen, handle es sich dabei doch um ein Entscheidgremium, das ungenügend demokratisch legitimiert und von Staaten dominiert sei, denen Menschenrechtsorganisationen kein gutes Zeugnis ausstellten.[58]

UNO-Generalsekretär Kofi Annan warnt allerdings davor, diesen institutionellen Schwächen des internationalen Systems wegen die Idee der „humanitären Militärintervention" aufzugeben: „Das Risiko eines Irrtums oder Fehlschlags in Kauf zu nehmen ist besser, als am Spielfeldrand abzuwarten. Es gibt kein Heil im Theoretischen, der Rückzug in eine scheinbar heile Welt bringt nichts als Schande" (Annan, 1998b, S. 69; Übersetzung d.V.). Bei allem Misstrauen gegenüber Motivation und Legitimation von Militärinterventionen dürfe der Nutzen und die Notwendigkeit solcher Aktionen nicht vergessen werden. Von Interventionsmächten zu verlangen, rein altruistischer Motive wegen einzugreifen, sei nicht nur weltfremd, sondern könne auch moralisch verwerflich sein. Denn – wie Pierre Hassner (1998, S. 24) einmal lakonisch feststellte – Pol Pot und Idi Amin wären noch immer am Schlachten, hieße man nur jene Interventionen gut, die ausschließlich der Nächstenliebe entsprängen.

---

58 In Kapitel VII der UN-Charta wird dem Sicherheitsrat die Kompetenz eingeräumt, im Falle eines „threat to peace, breach of the peace or act of aggression" kollektive Militäraktionen einzuleiten. Mit Resolution 688 zur Situation der Kurden im Nord-Irak anerkannte der Sicherheitsrat 1991 erstmals einen staatsinternen Konflikt als Gefahr für die internationale Ordnung und den Frieden.

2.1.2 Gratwanderung

Angesichts dieser Vielzahl konträrer Ansichten und Argumente wird klar, dass die Idee der „humanitären Militärintervention" für viele Menschen eine Herausforderung darstellt: Der Skandal, dass die Weltgemeinschaft untätig zusieht, wie vor ihren Augen Menschen ermordet und gefoltert werden, steht der beängstigenden Gefahr gegenüber, dass dazwischentretende Militärs mehr Leid verursachen als verhindern, die Intervention zu eigenen Zwecken missbrauchen oder gar einen verheerenden Flächenbrand entfachen.

Gerade im letzten Jahrzehnt haben sich humanitäre Organisationen vermehrt gezwungen gesehen, sich dieser moralischen Herausforderung zu stellen und Position zu beziehen. In den Jahren 1993/94 etwa warfen die gescheiterte Militäraktion in Somalia und die verheerende Nichtintervention in Ruanda ein grelles Licht auf das Spannungsfeld, in dem sich die Völkergemeinschaft seit jeher befunden hatte und noch immer befindet: Muss die Welt untätig zusehen, wie menschenverachtende Terrorregimes Völkermorde begehen, Tausende von Menschen verschleppen und foltern? Oder ist sie moralisch verpflichtet, dem Morden ein Ende zu setzen und militärisch einzugreifen – trotz aller Risiken, die ein derartiger Militäreinsatz in sich birgt? Was muss getan werden, wenn alle zivilen Mittel zur Verhinderung von derartigen Menschenrechtsverletzungen und Kriegsverbrechen ausgeschöpft und wirkungslos geblieben sind? Nicht zuletzt der zweite Irak-Feldzug der USA – auch er wurde unter anderem humanitär begründet – hat diesen Fragen eine neue Brisanz verliehen.

Humanitäre Organisationen sehen sich angesichts dieser Fragen vor einer schwierigen Gratwanderung: Ob sie sich nun für oder gegen eine Militärintervention aussprechen, stets droht einer der konstitutiven Werte des Humanitarismus – Menschlichkeit, Solidarität, Gewaltlosigkeit etc. – verletzt zu werden. Trotzdem: Viele humanitäre Akteure haben sich bemüht, ihre Haltung gegenüber dem militärischen Interventionismus im Namen der Humanität zu klären. Drei Arten des Umgangs haben sich dabei herauskristallisiert:

- Eine erste Gruppe von Akteuren, insbesondere das IKRK, weigert sich, die Frage der Legitimität oder Notwendigkeit von Militärinterventionen zur Verhinderung menschlicher Not öffentlich zu beantworten. Als Exegetin und Hüterin des ius in bello – der rechtli-

chen Zähmung des Krieges durch das humanitäre Völkerrecht –
dürfe und wolle sich das IKRK keine Stellungnahme zum ius ad
bellum – zur Frage der Legitimität von Krieg an sich – erlauben
(Ryniker, 2001; Sandoz, 1992, 1994; Forster, 2000).

- Die meisten humanitären Akteure legen im Umgang mit militärischen Interventionen eine pragmatische Haltung an den Tag und
entscheiden von Fall zu Fall, ob sie ein internationales Eingreifen
für gerechtfertigt halten oder nicht.

- Einige Organisationen haben Kriterien festgelegt, anhand derer sie
die Legitimität, Notwendigkeit und Angemessenheit von Militärinterventionen bestimmen. Während die einen Akteure Mindestbe-
dingungen benennen, die erfüllt sein müssen, damit eine Intervention gestartet werden dürfe, gehen andere gar soweit zu fordern, bei
der Erfüllung gewisser Kriterien müsse eine Intervention im Interesse der Humanität eingeleitet werden (ICISS, 2001; Annan,
1998b).

Die dritte, prinzipienorientierte Herangehensweise lässt sich dabei als
Weiterführung einer Jahrhunderte alten Diskussion der Frage nach dem
bellum iustum, dem „Gerechten Krieg" verstehen: Ausgehend von der
Einsicht, dass Gewalt und Krieg immer Not zur Folge haben und möglichst vermieden werden sollten, versuchten so unterschiedliche Denker
wie Cicero (106–43 v.u.Z.), Augustinus (354–430), Thomas von
Aquin (1225–1274) oder Hugo Grotius (1583–1645) die Frage zu beantworten, wann und in welchem Ausmaß der Einsatz von Gewalt moralisch zu rechtfertigen sei. Die Kriterien, die sich im Zuge dieses Dis-
kurses herausgebildet haben, sind dieselben, die heute im Zusammenhang mit „humanitären Militärinterventionen" genannt werden (Beach,
Isbister, 2000; USCCB, 1993). Demzufolge ist eine Intervention nur
dann legitim,

- wenn das Leben oder existenzielle Rechte von Menschen gefährdet
sind („guter Grund"),

- wenn die Aktion von der richtigen Autorität angeordnet wird („Au-
torisierung"),

- wenn ihr ausschließliches Ziel die Abwehr der Aggression/Gefahr
ist („rechte Absicht"),

- wenn angenommen werden kann, dass die Aktion zum Ziel führt („Aussicht auf Erfolg"),

- wenn alle anderen Möglichkeiten ausgeschöpft worden sind („ultima ratio"),

- und wenn der Nutzen der Aktion die möglichen Schäden bei Weitem übertrifft („Angemessenheit").

Erst wenn alle sechs Kriterien erfüllt sind, kann gemäß bellum-iustum-Tradition von einem gerechten Krieg – oder eben einer legitimen „humanitären Militärintervention" – gesprochen werden. Die Überzeugungskraft, die von diesen Forderungen und Überlegungen ausgeht, kann aber nicht darüber hinwegtäuschen, dass die dem Konzept des „humanitären Militärinterventionismus" inhärente moralische Zwickmühle bestehen bleibt. Kriterienkataloge wie der obige erlauben zwar einen begründ- und vertretbaren Umgang mit der Frage nach der Legitimität von Militäreinsätzen; eine letztgültige Antwort auf die Frage, ob Gewalt und Not an sich mit Gewalt bekämpft und verhindert werden dürfen, geben sie nicht – das moralische Dilemma bleibt bestehen (Bugnion, 2002).

2.2 Zivil-militärische Kooperation

Am 1. November 2001 vermeldeten die Nachrichtenagenturen: „Das US-Verteidigungsministerium hat es als ‚unglücklich' bezeichnet, dass die Hilfspakete für die afghanische Bevölkerung dieselbe gelbe Farbe haben wie die in Streubomben enthaltenen Sprengsätze. Leider gewöhne sich die afghanische Bevölkerung daran, sich auf alles zu stürzen, was gelb sei, sagte Generalstabschef Richard Myers. US-Flugzeuge hätten jedoch Handzettel abgeworfen, auf denen erklärt werde, wie die todbringenden Sprengsätze von den lebensrettenden Paketen zu unterscheiden seien. ‚Wir hoffen, dass das helfen wird', sagte Myers" (SDA, 2001).

Zwei Jahre zuvor war in der NZZ zu lesen: „Seit Ostern flogen drei Super-Puma-Helikopter der Schweizer Luftwaffe im Dienste der Direktion für Entwicklung und Zusammenarbeit DEZA und des Uno-Flüchtlingshilfswerks UNHCR Versorgungsgüter in die Flüchtlingslager im Nor-

den Albaniens und nahmen medizinische Evakuationen vor. Dabei wurden rund 4500 Personen transportiert und 832 Tonnen Hilfsgüter in die Flüchtlingslager gebracht. Generalstabschef Hans-Ulrich Scherrer betonte, dass die Schweiz mit der Operation an entscheidender Stelle mitgeholfen habe, Menschen vor Tod und Vertreibung zu retten" (Rosenberg, 1999).

Die beiden Medienberichte machen deutlich, dass humanitäres Engagement von Militärverbänden a priori weder verwerflich noch unproblematisch ist. Die Beziehung zwischen Militärs und Humanitären ist facettenreich und umstritten: Ob Soldaten nun selbst humanitär tätig werden und Nahrungsmittel verteilen, Flüchtlingslager aufbauen, Wiederaufbauprojekte betreiben und Feldspitäler errichten oder ob sie bloß zivilen Helfern zur Hand gehen, Bewachungs- und Sicherungsaufgaben wahrnehmen, Zufahrtswege herrichten, Transportflugzeuge oder Lastwagen bereit stellen – stets wirft ihr Engagement Fragen auf: Welche humanitären Aufgaben soll das Militär wahrnehmen? Welche Folgen hat ein solches Engagement? Wie sollen zivile und militärische Akteure im Feld zusammenarbeiten? Welche Grenzen sollen einer derartigen Zusammenarbeit gesetzt werden? Zwar ist es nichts Neues, dass Militärverbände zivile oder gar humanitäre Aufgaben übernehmen; bei Naturkatastrophen im In- und Ausland kommen seit jeher Armeeeinheiten zum Einsatz (Loeffel, 2004). In den Kriegsgebieten unserer Zeit treffen militärische und zivile humanitäre Akteure aber unter weit komplexeren Begleitumständen aufeinander. Die strategische, organisatorische und emotionale Diskrepanz zwischen den beiden Akteursgruppen ist noch immer groß (Siegel, 2003); gleichzeitig hat die operationelle Distanz im Theatre of Operation aber abgenommen: Zum einen dringt das Militär immer tiefer ins humanitäre Feld ein, zum anderen treibt die prekäre Ressourcen- und Sicherheitssituation in modernen Krisengebieten die zivilen humanitären Helfer immer öfter in die Arme von „wohlgesinnten" Armeeverbänden (GRIP, MSF 2002).

2.2.1 Annäherung der zivilen Helfer ans Militär

Mit dem Ende des Kalten Krieges kam es nicht nur zu einer Veränderung der internationalen Machtverhältnisse und Allianzen, sondern auch zu einer Transformation des Einsatzmilieus der humanitären Helfer: Die

Krisen- und Konfliktzonen im Süden veränderten sich, neue Kriegsakteure traten auf den Plan, Ziele und Strategien der Konfliktteilnehmer wandelten sich, neue Ordnungsprinzipien kristallisierten sich heraus.[59] Eines hatten diese Entwicklungen gemein: Sie alle machten den Einsatz der humanitären Helfer gefährlicher und zwangen sie immer öfter, den Schutz von Bewaffneten, von „wohlgesinnten" Militärs zu suchen.[60] Waren Drittweltstaaten wie Angola oder Afghanistan während des Kalten Krieges noch von strategischer Bedeutung für die Großmächte und Schauplatz von Stellvertreterkriegen gewesen, so mussten viele dieser Staaten nach 1989 auf alle militärischen und finanziellen „Zuwendungen" aus dem Norden verzichten und fanden sich wirtschaftlich und politisch auf sich selbst zurückgeworfen. Das Abflauen des Ressourcenzuflusses an die Regierungen und das neu erwachte Selbstvertrauen ethnopolitischer oder religiöser Bewegungen, die Korruption in öffentlichen Verwaltungen sowie die Ausbreitung internationaler Verbrechersyndikate bewirkten eine zunehmende Erosion des staatlichen Machtmonopols. Staaten verloren die Kontrolle über große Bereiche ihres Territoriums, wurden zu „zones chaotiques ingouvernables" (Kaplan, 1994). Diese staatliche Ordnungslosigkeit führte in vielen Teilen der Welt, vor allem in Afrika, zu einer dramatischen Verschlechterung der Sicherheitssituation.

Häufig war der Ordnungszerfall begleitet von bürgerkriegsähnlichen, bewaffneten Auseinandersetzungen zwischen substaatlichen Gruppen, die sich in zahllose, wechselnde, kaum fassbare Allianzen von Kämpfern aufsplitterten, deren Ziele und Strategien für Außenstehende unklar, deren weitere Schritte unvorhersehbar blieben. Unter diesen verworrenen Umständen fehlte es den humanitären Akteuren an verlässlichen Ansprechpartnern, die verbindliche Abmachungen hätten eingehen und durchsetzen können. Die Einsätze der Humanitären gerieten so immer mehr zu einem Vabanquespiel, das unberechenbarer und gefährlicher

---

59 Vgl. hierzu van Creveld, 1998, 2000; Jean, Rufin, 1999; Humphreys, 2003; Collier, Hoeffler, 2001; Le Billon, 2000a/b; Kaplan, 1994; Comtesse, 1997, S. 143; Fink, Russbach, 1994; Münkler, 2002.
60 Sogar das auf Neutralität und Unabhängigkeit besonders bedachte IKRK musste von seinen Grundsätzen abweichen und seine Delegierten im Nordkaukasus und in Somalia beschützen lassen. Vgl. Spillmann, 2003.

war als das Engagement im – in den 90er Jahren längst zur Seltenheit geworden – klassischen zwischenstaatlichen Krieg.

Seit jeher treiben Kriegsgewinnler und Banditen im Schatten von Konflikten und Krisen ihr Unwesen. In den 90er Jahren aber wurden lokale Verbrecherbanden, profitorientierte Warlords und Organisationen der internationalen Kriminalität zu regelrechten Hauptakteuren, die zur Erreichung ihrer unideologischen, wirtschaftlichen Ziele bereit waren, selbst in die Kriege einzugreifen und über Leichen zu gehen – auch über die Leichen von humanitären Helfern. Obwohl selbst maßgeblich in die Kriege involviert, verstehen sich diese modernen „Kriegsgewinnler" eher als international vernetzte Unternehmer[61] denn als Kämpfer für eine bestimmte Gesellschaftsordnung. Für sie ist der Krieg weniger ein notwendiges Übel zur Erreichung eines politischen Zieles als vielmehr das eigentliche Ziel selbst, erlaubt er ihnen doch, ihre Macht auszuspielen, sich zu bereichern, die Bevölkerung auszurauben und zu versklaven, Drogen anzubauen und die natürlichen Ressourcen auszuplündern. Der Krieg gerät zur „Fortführung der Wirtschaft mit anderen Mitteln". Was früher noch schreckliche Ausnahmesituation war, wird so zum „ausgefransten", „endemischen Krieg" (Ignatieff, 2000, S. 165), zum – für einige wenige – wirtschaftlich einträglichen Normalzustand.[62]

Die mordenden Nutzenmaximierer der heutigen Kriege stellen für humanitäre Akteure eine große Bedrohung dar: Hatten letztere in früheren Krisensituationen noch darauf zählen können, den meisten Konfliktparteien als Sprachrohr für die eigenen Anliegen oder „Ressourcenbeschaffer" willkommen zu sein, machten sie nun die bittere Erfahrung, selbst zu deren Zielscheibe geworden zu sein. Immer öfter werden Mitarbeiter humanitärer Organisationen von den „Unternehmern des Krieges" entführt und zur Erpressung von Lösegeldern missbraucht oder als unwill-

---

61 Viele derartige Verbrecherorganisationen und Warlords sind in den Welthandel eingebunden, gerade auch im Rohstoff- oder Edelstein-Handel. Zur Problematik der „Blutdiamanten" vgl. Campbell, 2003; Mugglin, 2003.
62 Dies wurde verstärkt durch den Zufluss vieler nach 1989 arbeitslos gewordenen Militärs, die als Söldner in den Konfliktgebieten eine Arbeit fanden. Für sie wurde die Perpetuierung eines Krieges zur persönlichen Existenzfrage. Zum Thema Söldner und Private Military Companies vgl.: Singer, 2003; Traynor, 2003; Kappeler, 2004. Zur Tendenz bei NGOs, sich selbst in den Schutz von Private Security Companies zu begeben, vgl. International Alert, 2001; Vaux et al., 2002.

kommene Zeugen der kriminellen Aktivitäten im internationalen Drogen-, Waffen-, Rohstoff- oder Menschenhandel liquidiert.[63]
Doch nicht in jedem Konfliktgebiet dominieren eigennutzorientierte Mörderbanden: Die Kriege in Afghanistan und Irak, besonders aber die Anschläge vom 11. September 2001 ließen den Westen einer Gattung von Kämpfern gewahr werden, die nicht die Aussicht auf Macht und Geld, sondern ein unerschütterlicher Glaube an die Richtigkeit ihrer eigenen Weltanschauung antreibt. Dieser religiös verbrämte Fanatismus stellt zivile humanitäre Akteure vor allem in den Krisenregionen des Mittleren Ostens vor eine besondere Herausforderung: Von den Fanatikern als Handlanger der westlichen „Kreuzritter" denunziert und bedroht, sehen sich humanitäre Akteure immer öfter gezwungen, den Schutz „befreundeter" westlicher Truppen zu suchen (Bischoff, 2003; Spillmann, 2003). Gerade diese Nähe erhöht aber gleichzeitig die Gefahren für die Schutzsuchenden: Das manichäische Weltbild der Fanatiker, das die Menschheit in „Rechtgläubige" und „Ungläubige" aufteilt – und in der Gut-Böse-Dichotomie der Administration Bush sein Echo findet –, wird durch die Kooperation der „gottlosen" Helfer mit den „Kreuzrittern" bestätigt: die „Handlanger" offenbaren in den Augen der Fanatiker ihr wahres Gesicht.

2.2.2 Vordringen des Militärs ins humanitäre Feld

Wichtiger aber als das gesteigerte Sicherheitsbedürfnis seitens ziviler humanitärer Helfer ist die Tatsache, dass die veränderte Bedrohungslage nach Ende des Kalten Krieges westliche Armeen während der 90er Jahre an die weltpolitische Peripherie gelockt und zu einem Eindringen ins traditionelle Wirkungsfeld ziviler humanitärer Helfer provoziert hat. Dieser Trend lässt sich nicht zuletzt an einer Vielzahl von Strukturreformen, Neuausrichtungen und Doktrin-Revisionen bei nationalen Armeen

---

63 Besonders in den Kriegsregionen Zentral- und Westafrikas stellte neben dem Kalkül der Warlords insbesondere die Unberechenbarkeit von deren Handlangern eine Gefahr dar: Die humanitären Akteure waren dort nicht mehr mit Soldaten konfrontiert, sondern mit Banden von sehr jungen Kämpfern, die – von Kindsbeinen an brutalisiert und mit Drogen vollgepumpt – grundlos Menschen verstümmelten, vergewaltigten und töteten. Die Schlachtfelder verkommen zu „Zonen toxischen Testosterons" (Ignatieff, 2000, S. 161).

und multinationalen Organisationen ablesen: So hat etwa die NATO 1999 ausdrücklich die Bewältigung von Humanitarian Emergencies mittels Crises Response Operations in ihren Aufgaben-Katalog aufgenommen. Im Oktober 2003 wurde gar eine schnelle Eingreiftruppe – die sogenannte NATO Response Force (NRF) – eingerichtet, die unter anderem zur Bewältigung von humanitären Krisen eingesetzt werden wird (NATO, 1999, §§ 10, 49). In die gleiche Richtung weisen die Reformen bei der EU: Im Vertrag von Amsterdam haben sich die Mitgliedsstaaten 1997 auf eine gemeinsame Außen- und Sicherheitspolitik verständigt und sich verpflichtet, ihre Truppen zur Erfüllung der sogenannten „Petersberger Aufgaben", das heißt für „humanitäre Aktionen, Evakuierungen, friedenserhaltende Maßnahmen, Kampfgruppeneinsätze fürs Management von Krisen und zur Wiederherstellung des Friedens", einzusetzen. Künftig sollen innerhalb zweier Monate bis zu 60000 Mann mobilisiert und in Krisenregionen entsandt werden können (EU, 2003; NGO VOICE, 2004).

Auch nationale Reformvorhaben zielen darauf ab, Militäreinheiten mit Aufgaben in Krisenregionen des Südens zu betrauen. Das deutsche Verteidigungsministerium etwa legte im Mai 2003 neue „Verteidigungspolitische Richtlinien" vor, wonach die „herkömmliche Landesverteidigung gegen einen konventionellen Angriff als allein strukturbestimmende Aufgabe der Bundeswehr nicht mehr den aktuellen sicherheitspolitischen Erfordernissen" entspreche. Vielmehr stünden künftig „Einsätze der Konfliktverhütung und Krisenbewältigung" in aller Welt im Vordergrund. Dabei müsse die Armee verschiedene Aufgaben wahrnehmen, „von der Mithilfe bei der Gewährleistung von Sicherheit und Ordnung" über „Schutzmaßnahmen für eingesetzte militärische Kräfte" und „Schutzvorkehrungen gegen Angriffe mit Massenvernichtungswaffen" bis hin zur „Unterstützung humanitärer Maßnahmen". Dabei gelte es zu beachten, dass die „Grenzen zwischen den unterschiedlichen Einsatzarten fließend" seien (BMVg, 2003; Lieser, Runge, 2003).

Ähnliche sicherheitspolitische Kursänderungen sind auch in der Schweiz auszumachen. In den 90er Jahren wurde der Schweizer Armee neben Landesverteidigung und Existenzsicherung die Friedensförderung in aller Welt als dritte, gleichberechtigte Aufgabe übertragen.[64] Die Armee-

---

64 Vgl. hierzu Lezzi, 2004; Loeffel, 2004; Bundesrat, 1999; Bundesversammlung, 1995.

führung möchte das Engagement in der Friedensförderung ausbauen und mit größeren Verbänden zur Stabilisierung der Lage, zur Verbesserung der Lebensbedingungen und zum Wiederaufbau der zivilen Infrastruktur beitragen. Erklärtes Ziel ist es, bis 2008 mit einem Kontingent von bis zu 500 Mann in Krisenregionen des Südens präsent sein zu können. Die Schweiz müsse ihre Sicherheitsinteressen in aller Welt wahrnehmen und bei der Bewältigung von Krisen mithelfen, wo auch immer sie anfallen mögen: „Krisenmanagement in den verschiedensten Lagen ist gefordert. Im Vordergrund stehen heute Einsätze, die mit den klassischen Aufgaben einer Armee nur noch mehr oder weniger wesensverwandt sind. Die Armee steht an den verschiedensten Fronten im In- und Ausland im Einsatz, aber nirgends im Verteidigungskampf", erklärte der Armeechef Ende 2003 (Keckeis, 2003). Noch ist das konkrete Aufgabenprofil der Schweizer Armee bei künftigen Krisenbewältigungseinsätzen nicht klar. Da klassische Militäraufgaben – Kampfeinsätze zur Durchsetzung von Ruhe und Ordnung, Operationen zum Schutz von bedrohten Zivilisten – aus innenpolitischen Gründen aber nicht in Frage kommen, muss angenommen werden, dass die Schweizer Armee vermehrt ins humanitäre Feld eindringen und Operationen durchführen wird, die bis anhin klassische Aufgaben humanitärer Organisationen waren.

Diese Neuausrichtung westlicher Armeen und Bündnisse lässt sich im Wesentlichen auf folgende drei Entwicklungen zurückführen, die alle mit dem Ende des Kalten Krieges zusammenhängen.

Landesverteidigung am Hindukusch

Der 11. September führte schmerzhaft vor Augen, dass Entwicklungen in Afghanistan, Palästina, Pakistan, Saudi-Arabien, Sudan oder Jemen nicht isolierte Phänomene in weit entfernten Ländern sind, sondern Erschütterungen bis ins Zentrum der westlichen Welt auslösen können. Chaos, Not und Gewalt – bis dahin im Denken des Nordens fest in der Dritten Welt verortet – zeigten sich plötzlich im Herzen der westlichen Kultur. Spätestens zu diesem Zeitpunkt wurde offensichtlich, dass die alten Verteidigungsstrategien westlicher Militärs ausgedient hatten. Die fassbare, vorstellbare Gefahr, die von den Panzerkolonnen, Jägerflotten und Raketenarsenalen des Kalten Krieges ausging, wich einer diffusen Bedrohung durch Terrorismus, frei erhältliche Massenvernichtungswaffen, „Schurkenstaaten" oder organisierte Kriminalität. Diesen globalen Gefahren war mit der klassischen Territorialverteidigung an den eigenen Landesgrenzen nicht mehr beizukommen; vielmehr mussten die Bedrohungen bereits am Ursprungsort bekämpft werden. Angetrieben von derartigen Sicherheitserwägungen, der Sorge ums Wohl der lokalen Bevölkerung oder dem bloßen Hunger nach Macht und Einfluss in strategisch wichtig gewordenen Weltregionen (Paech, 2003), drangen so westliche Militärmissionen immer häufiger in die Unruheherde im Süden, in die Zonen „endemischer" Kriege und zerfallender Staatsordnungen vor. Mit Kampfeinsätzen, Peace Enforcement-Missionen, Peacekeeping- oder humanitären Hilfsaktionen sollten Terroristen, missliebige Machthaber oder Warlords ausgeschaltet, die Sicherheit wiederhergestellt, Ruhe geschaffen und eine zuträgliche Machtordnung installiert werden. Gebiete wie Ost-Timor oder Kosovo/Mazedonien gerieten so für einige Wochen ins Zentrum des öffentlichen Interesses und wurden Schauplatz westlicher Militäraktionen.[65]

Das neue Verständnis von Sicherheit – die Verteidigung der westlichen Heimat auch „am Hindukusch"[66] – machte eine Erweiterung des Aufgabenfeldes der Armee nötig. Sollten Soldaten als militärische Ordnungshüter, Friedensstifter und Terroristenjäger in der Fremde auftreten, mussten sie nicht nur Waffen bedienen können, sondern vor allem auch als Freund und Helfer der lokalen Bevölkerung wahrgenommen und willkommen geheißen werden. Aus dem Profi-Kämpfer der Vergangenheit musste ein wohlgelittener Hybrid aus politischem Machtinstrument und Wohltäter werden. Die unter dem Banner der Friedenssicherung, Terrorbekämpfung oder gar Humanität entsandten Militärkontingente durften von der lokalen Zivilbevölkerung keinesfalls als feindliche Expeditionscorps angesehen werden – die Risiken für die Soldaten wären unverantwortlich hoch, die anvisierten Ziele nie zu erreichen gewesen.[67]

Folgerichtig tauchten in den 90er Jahren immer mehr Militärs im klassi-

---

65 Die Konsequenzen, die der 11. September und der danach ausgelöste War on Terror auf den Bereich der humanitären Arbeit gehabt haben, werden unter anderem dargestellt von: Macrae, Harmer, 2003; de Torrenté, 2002b.

66 Dieser Wandel des Verteidigungsbegriffs fand seinen deutlichsten Ausdruck in einer Bemerkung des deutschen Verteidigungsministers Peter Struck anlässlich einer Pressekonferenz am 5. Dezember 2002 zur Bundeswehrreform: „Die Sicherheit der Bundesrepublik wird auch am Hindukusch verteidigt". Vgl. hierzu www.bmvg.de.

schen Aufgabenfeld humanitärer Organisationen auf: Indem die Soldaten Nothilfe leisteten, Flüchtlingslager errichteten, Schulhäuser, Spitäler
und Brunnen instand setzten und als Polizist, Wassertechniker oder Bau-
fachmann fungierten, versuchten sie, die Hearts and Minds, das Vertrau-
en der Zivilbevölkerung zu gewinnen (Gordon, 2001).

Neuer UNO-Interventionismus

Parallel zu dieser Neuausrichtung der westlichen Verteidigungsstrategi-
en kam es zu einer Vitalisierung der UNO: Befreit von der lähmenden
Patt-Situation im Sicherheitsrat während des Kalten Krieges kamen in
der UNO anfangs der 90er Jahre große Hoffnungen auf, auf den Kriegs-
schauplätzen dieser Welt die Rolle eines Friedensstifters übernehmen
und mit wirksamen, glaubwürdigen, robust mandatierten Militärmissionen Konflikte schlichten und Krisen managen zu können. Die UNO in-
tervenierte nun zunehmend auch in Kriegsregionen ohne die Zustimmung aller Konfliktparteien – aus Peacekeeping- wurden immer häufiger Peace Enforcement-Aktionen.[68] Im Namen eines „kohärenten",
„integrierten" Krisenmanagements ging die UNO die komplexen humanitären, militärischen und politischen Probleme gleichzeitig und ge-
samthaft an, was zur Folge hatte, dass die entsandten Blauhelme auch

---

67 Der Einsatz von Gewalt muss sehr restriktiv sein, verlören die Intervenierenden doch in den Augen der Öffentlichkeit jede Glaubwürdigkeit, töteten sie
in ihrem Einsatz Hunderte unschuldiger Zivilisten. Umberto Eco bemerkte zum
Kosovo-Krieg: „Im Neo-Krieg verliert die Unterstützung der öffentlichen Meinung, wer zu viel tötet" (Le Figaro, 3. Mai 1999). Die Gewaltrestriktion kann
für die Soldaten eine erhöhte Gefährdung bedeuten, müssen sie doch in gewissen Fällen auf eine aktive, das heißt kriegerische Verteidigung verzichten. Umso
wichtiger wird die passive Verteidigung, das heißt das Vermeiden von Spannungen und Animositäten.
68 So wurde Kapitel VII der UN-Charta neu dahingehend ausgelegt, dass
auch innerstaatliche Konflikte oder humanitäre Krisen eine Gefahr für den
Weltfrieden darstellen und UN-Interventionen rechtfertigen. Erstmals 1991 mit
der Resolution 688 zur Situation der Kurden im Nord-Irak, in der Folge dann in
den Resolutionen 794/1992 (Somalia: Zugang zu Hungernden), 836/1993 (Bosnien: Schutzzonen für Muslime), 918/1994 (Ruanda: Völkermord) und 940/
1994 (Haiti: Regierungssturz) wurde der Grundsatzentscheid umgesetzt. Vgl.
hierzu auch Studer, 2001, S. 371-372.

mit nichtmilitärischen Aufgaben betraut und so zu Friedensstiftern und humanitären Helfern wurden (Brahimi et al., 2000).

Auf der Suche nach einer Existenzberechtigung

Nach 1989 waren viele westliche Armeen zunehmend in einen Legitimationsnotstand geraten: Weshalb Milliardenbudgets für Armeen zustimmen, wenn weit und breit kein Feind auszumachen ist? Weshalb Menschen zum Töten ausbilden, wenn das „Ende der Geschichte" (Fukuyama, 1992), die Überwindung aller Konflikte in Griffnähe gerückt ist? Immer lauter forderte die Öffentlichkeit eine „Friedensdividende" ein und sorgte in Westeuropa dafür, dass die Militärausgaben gesenkt, die Heere verkleinert wurden. Folglich suchten Armeeverantwortliche nach neuen Aufgaben, einer neuen Einsatzdoktrin, kurz: nach einer neuen Daseinsberechtigung. In der humanitären Mission fanden die Militärs jene Rechtfertigung, die sie so dringend benötigten. Den öffentlichen Ruf, etwas gegen die Gewalt und Not in der Dritten Welt zu tun, konnten sie beantworten: Nur sie waren in der Lage, innerhalb weniger Stunden ein ganzes Zeltlager aus dem Boden zu stampfen, tonnenweise Hilfsgüter und Baumaterial einzufliegen, Dutzende von Brücken, Strassen und Häuser innerhalb weniger Tage instand zu setzen. Nur sie hatten die nötigen Ressourcen und Verteidigungsmöglichkeiten, um in unwegsamen, umkämpften Gebieten humanitäre Hilfe zu leisten oder zu ermöglichen.

2.2.3 Kritik am militärisch-humanitären Engagement

Gerade diese spezifischen Sicherheits- und Logistik-Fähigkeiten haben das Militär in vielen komplexen Krisen dieser Welt zu einem mehr oder weniger wohlgelittenen Partner ziviler humanitärer Akteure werden lassen: Die Aussicht, trotz schlechter Ressourcen- oder Sicherheitslage vor Ort in einer Krisenregion humanitäre Hilfe leisten zu können, veranlasste in den letzten Jahren viele zivile Hilfsorganisationen, ihre Vorbehalte gegenüber dem Militär zu überwinden und Zusammenarbeitsmöglichkeiten zu suchen. Dennoch stößt das humanitäre Engagement westlicher Militärverbände weiterhin auf Kritik. Im Wesentlichen lassen sich drei Kritikansätze ausmachen:

Hohe Kosten

Die Durchführung humanitärer Hilfsaktionen gehört nicht zu den Kernkompetenzen des Militärs. Zwar verfügen Streitkräfte über Rettungsoder Sanitätseinheiten, deren spezifische Ausbildung sie befähigt, humanitäre Aufgaben wahrzunehmen. Trotzdem: Armeen sind keine professionell arbeitenden humanitären Hilfswerke. Ihre Hauptaufgabe ist die Abwehr von Bedrohungen, die Landesverteidigung; struktureller Aufbau, Organisation der Bestände, Ausrüstung und Ausbildung sind hierauf ausgerichtet. Das hat zur Folge, dass humanitäre Aktionen militärischer Verbände oft teurer zu stehen kommen als vergleichbare Einsätze ziviler Akteure (OECD, 1998). Denn zum einen sind die Gerätschaften, Flugzeuge, Baumaschinen oder Kommunikationsmittel, die vom Militär bei humanitären Krisen eingesetzt werden, in Anschaffung und Unterhalt extrem teuer, müssen sie sich doch selbst unter Kampfbedingungen bewähren. Zum anderen fallen gemäß Ansicht von Experten die Personalkosten um einiges höher aus als bei Aktionen ziviler Organisationen: Allein aufgrund der vom Militär verlangten Einsatzbereitschaft müssen seine Strukturen so aufgebaut sein, dass auf jede Militärperson im Einsatz mehrere Ersatzleute in Bereitschaft gehalten werden.

Fehlende Kompetenzen

Gerade NGO-Kreise kritisieren oft, die vom Militär geleistete humanitäre Arbeit sei ineffizient oder gar kontraproduktiv: Im Unterschied zu den Hilfswerken ließen Militärverbände allzu oft jedes Verständnis für die lokalen Umstände, Bedürfnisse und spezifischen Gefahren humanitärer Hilfe vermissen. Mit seinem Eindringen ins humanitäre Feld verlasse das Militär sein Kompetenzgebiet und werde mit seinen kurzfristigen und oft kurzsichtigen Aktionen zum Kurpfuscher, der mehr Schaden anrichte als nütze (Weiss, 1999a; Chalupa, 1993). Es solle sich wieder auf seine Kernkompetenz, die Schaffung von Sicherheit, Ruhe und Ordnung, besinnen. Immer weniger westliche Militärmächte seien nämlich bereit, ihre Verantwortung in diesem zentralen Bereich wahrzunehmen: Statt in gefährlichen Schutz- und Kampfeinsätzen das Leben junger Soldaten zu gefährden, führten sie lieber humanitäre Einsätze durch – das öffentliche Echo sei wohlwollender: „Das Bild eines Soldaten, der ein Kind in seinen Armen hält, wird zu Hause mehr Sympathien wecken als alle Militäraktionen, die er unternehmen könnte" (Studer, 2001, S. 379; Übersetzung d.V.). Mit der Weigerung, die undankbaren Sicherheitsaufgaben zu übernehmen, sei aber niemandem gedient – am wenigsten der lokalen Zivilbevölkerung, die weiterhin unter der Gewalt der Kriegstreiber zu leiden hätte (Studer, 2001; Fuchs, 1995).

Bedrohlicher Tabubruch

Schließlich wird kritisiert, ein humanitäres Engagement von Militärkräften diskreditiere nicht nur die zivilen Akteure, sondern das gesamte humanitäre Unterfangen: Dieses beruhe auf der Unterscheidung zwischen dem unabhängigen, unparteilichen, zivilen Helfer und dem politisch geleiteten, im Krieg involvierten Uniformierten. Wenn diese essenzielle Trennlinie verschwimme, werde humanitäre Hilfe langfristig unmöglich. Könne die betroffene Bevölkerung nicht mehr sicher sein, dass die Helfer unabhängig und unparteilich seien, so verlören alle humanitären Akteure jene Glaubwürdigkeit und Akzeptanz, ohne die humanitäre Arbeit unmöglich sei. Werde humanitäre Hilfe von Militärs geleistet, könne bei der lokalen Bevölkerung oder den Kriegsparteien der Verdacht aufkommen, den uniformierten wie auch zivilen Helfern aus der Fremde gehe es weniger um Notlinderung als um die Erreichung politischer oder gar militärischer Ziele.[69] Dies stelle eine ernste Gefahr für die zivilen Akteure und die Hilfsempfänger dar: Humanitäre Helfer gälten den Kriegsparteien fortan als politisch motivierte Konfliktteilnehmer, deren Unterkünfte, Nahrungsmittellager, Wagenkolonnen und Verteilstellen legitime Angriffsziele seien.[70]

Zwar sei es irrig anzunehmen, humanitäres Engagement von Militärverbänden stelle – einer „infektuösen Krankheit" (Slim, 2003a) gleich – unter allen Umständen eine Gefahr für die zivilen Helfer dar. Vielerorts sei es tatsächlich unerheblich, ob letztere mit militärischen Kräften zusam-

---

69 Darüber hinaus dürfte der Hinweis berechtigt sein, je nach erlittener Gewalt könne es für Notleidende psychisch unerträglich sein, von Uniformierten Hilfe annehmen zu müssen, wenn Uniformen im Krieg als Symbol für Vertreibung, Vergewaltigung, Verstümmelung oder Ermordung standen.

70 Der Einsatz Operation Restore Hope in Somalia 1992–93 zeigte auf brutale Weise die möglichen Folgen einer Vermischung von militärisch-politischen Motiven (Verhaftung von General Aidid) und humanitären Absichten (Nahrungsmittellieferungen an die Hungernden). Vgl. hierzu Lieser, 2003.

menarbeiteten oder nicht: Den profitorientierten Verbrecherbanden und religiösen Fanatikern, die einige der heutigen Konfliktzonen prägten, seien derartige Fragen tatsächlich weitgehend egal; und im Falle von Naturkatastrophen stelle sich die Frage der Unabhängigkeit und Neutralität überhaupt nicht. In vielen Krisengebieten dieser Erde aber bleibe die Trennlinie zwischen unparteilichen Helfern und politisch involvierten Militärs eine Voraussetzung dafür, dass überhaupt flächendeckend Hilfe geleistet werden könne (Lieser, Runge, 2003, S. 2). Nur mit dieser klaren Trennung dürften humanitäre Helfer hoffen, von allen Kriegsparteien anerkannt und in alle Gebiete vorgelassen zu werden. Humanitäre Hilfe müsse daher zwingend Sache ziviler Akteure bleiben.

2.2.4 Die Gratwanderung

Zurecht wenden Befürworter der militärisch-humanitären Zusammenarbeit ein, hungernden, frierenden oder flüchtenden Menschen sei es egal, von wem sie Nahrungsmittel, medizinische Hilfe oder Decken erhielten – Hauptsache sei, ihre Not werde gelindert. Immer öfter gebe es heute Situationen, in denen nur militärisch geschützte, unterstützte, ausgerüstete oder soldatisch ausgebildete Helfer tätig werden könnten; die Einsätze im Irak (1991), Ruanda und Zaire (1994), Kosovo und Mazedonien (1999) oder Afghanistan (ab 2001) zeigten dies. Lehne man dieses Zusammengehen ab, nehme man den Tod vieler Menschen in Kauf. Zivile humanitäre Helfer bewegen sich somit häufig in einem Spannungsfeld: Der kurzfristige humanitäre Nutzen, der der militärisch-zivilen Zusammenarbeit in manchen Situationen erwächst, steht dem Risiko gegenüber, mit einer Kooperation die eigene Position als unabhängiger, neutraler Helfer zu untergraben und deswegen langfristig gar keine Hilfe mehr leisten zu können. Militärs und humanitäre Helfer verbindet somit eine „unhappy marriage" (Siegel, 2002), die letztere zu einer steten Gratwanderung zwingt: Wie sollen sich zivile humanitäre Helfer gegenüber „wohlgesinnten" Militärverbänden verhalten, wenn diese ihnen ihre Hilfe anbieten? Dürfen zivile Helfer die spezifischen Sicherheits- und Logistikfähigkeiten der Militärs nutzen, um damit den Notleidenden helfen zu können? Oder müssen sie aus Neutralitäts-, Unabhängigkeits- und Glaubwürdigkeitsgründen darauf verzichten, auch wenn dadurch viele Opfer in ihrer Not alleine gelassen werden müssen?

Je nach Situation fällt zivilen Organisationen die Antwort zwar leicht: Werfen Militärflugzeuge in einem kurz zuvor bombardierten Gebiet Nahrungsmittelpakete ab, die ebenso gelb sind wie die in Streubomben abgeworfenen und als Blindgänger herumliegenden Bomblets, so ist die Ablehnung einhellig. Ebenso einhellig wie die Befürwortung einer Zusammenarbeit, wenn zivile Akteure mit unentgeltlich zur Verfügung gestellten Militärmaschinen Hilfsgüter in eine abgelegene Region transportieren können, die von Erdbeben oder Überschwemmung heimgesucht wurde. In vielen Fällen liegen die Dinge aber nicht so einfach: Soll etwa ein im Irak tätiges Hilfswerk den Schutz, dem ihm „wohlgesinnte" westliche Truppen anbieten, annehmen? Soll eine NGO in Afghanistan die Wiederaufbau-Arbeit von Provincial Reconstruction Teams (PRTs) der Allianz-Truppen unterstützen?

Offensichtlich ist weder dem humanitären Engagement des Militärs noch der zivil-militärischen Zusammenarbeit eine natürliche, selbstevidente Grenze gesetzt – was den einen noch als legitim gilt, entbehrt für die anderen jeder Berechtigung. Die Grenze kann daher nur Resultat eines steten politischen Prozesses des Grenzziehens, des Hinterfragens und Klärens der eigenen Position sein. Auf Seiten der humanitären NGOs ist dieser Prozess des Grenzziehens – gerade auch im Zusammenhang mit dem Irak-Feldzug der USA – meist von folgenden Grundsätzen geprägt worden:[71]

* Militärverbände sollten vor allem ihre Hauptaufgabe – die Sicherstellung von Ruhe und Ordnung – wahrnehmen. Humanitäre Hilfe ist primär Sache ziviler Organisationen.

* Leisten Armeeverbände humanitäre Arbeit, so sollte dies gemäß den einschlägigen humanitären Grundsätzen passieren.

* Kooperationen von zivilen und militärischen Akteuren sollten alleine auf Wunsch von zivilen Helfern zustande kommen.

* Zudem sollte eine derartige Zusammenarbeit keinesfalls die Autonomie der zivilen humanitären Helfer beeinträchtigen; Militärs sollten niemals zivilen humanitären Helfern Befehle erteilen dürfen.

---

71 Vgl. hierzu Sommaruga, 1998; Tauxe, 2000; de Courten, 1997; DEZA, 2001; de Wolf, 2003; Caritas Europa, 2002; DRK, 2003; VENRO, 2003; SCHR, 2002.

Derartige Grundsätze helfen zivilen humanitären Akteuren zwar, gegenüber militärischen Ansprechpartnern Position zu beziehen, Grenzen zu definieren. Sie können die Helfer allerdings nicht davor bewahren, immer wieder aufs Neue schwierige politische Fragen beantworten, mitunter gar eine moralische Gratwanderung meistern zu müssen. Denn: Wie soll sich ein humanitärer Helfer verhalten, wenn die oben genannten Bedingungen eben gerade nicht erfüllt werden? Soll er sich über die eigenen Grundsätze hinwegsetzen? Oder soll er konsequenterweise auf eine Zusammenarbeit mit dem Militär verzichten oder gar die Einstellung jeglichen humanitären Engagements des Militärs fordern – auch wenn dies bedeutet, dass Hilfsaktionen abgebrochen, Bedürftige ohne Hilfe gelassen werden müssen?

2.3 Nebenwirkungen

„In Bosnien-Herzegowina begannen bereits kurz nach Unterzeichnung des Dayton-Friedensabkommens Fahrer, die vorher kreuz und quer durchs Land gefahren waren und Notleidende mit dem Nötigsten versorgt hatten, von der Unsicherheit zu sprechen, die sie erwartete, sobald die Konvois stoppen würden. Wer würde als Fahrer der – immer weniger werdenden – NGO-Fahrzeuge eingestellt bleiben? Wie könnten die Fahrer ihre Kriegserfahrungen nutzen, um nun im Frieden einen Job zu finden? Ein Fahrer meinte: ‹Während des Krieges in Hilfskonvois mitzufahren war gefährlich. Die Gefahren des Friedens sind aber ungleich größer. Nicht nur meine engste Familie, sondern auch meine Großeltern, Tanten, Onkel und Cousins sind von meinem Einkommen abhängig. Ich fürchte mich beinahe vor diesem Frieden und wünsche mir den Krieg zurück›" (Anderson, 1999, S. 43; Übersetzung d.V.).

Es besteht kein Zweifel: Humanitäre Helfer haben Millionen von Menschen das Leben gerettet; Tausende von Obdachlosen, Hungernden und Verwundeten werden täglich vor weiterem Leid bewahrt, Millionen von Notleidenden schöpfen dank der Anstrengungen der Helfer neue Hoffnung. Trotzdem: Humanitäres Engagement hat mitunter auch unerwünschte Auswirkungen auf die von Krisen betroffenen Gesellschaften. Der Wunsch des bosnischen Fahrers, der Krieg möge doch weitergehen, damit ihm die Präsenz der vielen Expats[72] ein Einkommen sichere, ist nur eine dieser möglichen, unbeabsichtigten Nebenwirkungen, die – in ihrer Gesamtheit – zur Verlängerung und Verschärfung von Gewaltkonflikten, zur Akzentuierung gesellschaftlicher Spannungen, zur Schwächung der lokalen Wirtschaft oder zur Verfestigung von Unrechtsregimes führen können.

Sicherlich haben nicht alle humanitären Aktivitäten negative Auswirkungen. Sicherlich lassen sich viele Nebenwirkungen durch sorgfältige, geschickte Programmgestaltung und stetes Monitoring der Hilfsaktivitäten eindämmen oder gar verhindern. Längst haben humanitäre Akteure die Gefahren erkannt, aus früheren Fehlern gelernt und die notwendigen Anpassungen bei ihren Aktivitäten vorgenommen. Darob aber anzunehmen, negative Effekte ließen sich immer vermeiden, wäre illusorisch: Nicht alle unerwünschten Folgen sind vorhersehbar, nicht alle sind abwendbar. Im Folgenden werden einige dieser möglichen negativen Auswirkungen auf die wirtschaftlichen und gesellschaftlichen Verhältnisse (2.3.1) sowie auf den Verlauf von Konflikten (2.3.2) näher untersucht.

2.3.1 Nebenwirkungen auf Wirtschaft und Gesellschaft

Treten humanitäre Organisationen in einem krisengeschüttelten Land in Aktion, so können sich die Hilfsaktionen mitunter auf die gesamte wirtschaftliche, soziale und politische Ordnung des Landes auswirken: Der mit dem Engagement ausländischer Organisationen einhergehende Ressourcenzufluss etwa kann zu einem Wirtschaftsfaktor werden, der das Währungssystem, den Arbeitsmarkt, aber auch den Produktions- und Dienstleistungssektor beeinflusst; gleichzeitig kann die Präsenz der ausländischen Helfer dazu führen, dass soziale, politische und kulturelle Strukturen, Wertungen, Rollenverständnisse, Überzeugungen etc. ihre Selbstverständlichkeit verlieren und hinterfragt werden – gesellschaftlicher Wandel ist die Folge. Dies alles eröffnet vielen Betroffenen neue Perspektiven und Chancen, birgt gleichzeitig aber auch Gefahren.

---

72 Expats (kurz für Expatriates) ist die international gebräuchliche Sammelbezeichnung für ausländische Experten, welche bei humanitären Aktionen oder Entwicklungsprojekten vor Ort eingesetzt werden.

Monetäre Risiken

Humanitäre Hilfsaktionen bringen nicht nur große Mengen an zuvor fehlenden Nahrungsmitteln, Medikamenten, Gerätschaften und Baumaterialien in die Krisenzonen, sie führen auch zu einem Anwachsen der finanziellen Ressourcen in der betroffenen Region: Leerstehende Häuser werden von den internationalen Organisationen angemietet, arbeitslose Berufsleute werden als Fahrer, Übersetzer oder Hausangestellte eingestellt und entlöhnt, zuvor um Kundschaft ringende Händler und Wirte haben nun Gäste und Kunden. Dieser monetäre Zufluss verbessert das Los vieler Menschen, kann unter Umständen aber eine Erosion der lokalen Währung zur Folge haben: Führen Hilfsorganisationen ihre Zahlungen in harter, ausländischer Währung aus, droht ein duales Währungssystem zu entstehen, das die lokale Währung untergräbt, deren Glaubwürdigkeit mindert. Verwenden die Expats hingegen die lokale Währung, droht die Geldmenge anzuschwellen – mit inflationären Auswirkungen. Für welchen Weg sich die Hilfsorganisationen auch immer entscheiden, das Risiko einer Unterminierung der lokalen Währung bleibt bestehen.

Der große Bedarf der internationalen Hilfsorganisationen nach Gütern, Dienstleistungen, Wohn-, Arbeits- und Lagerräumen birgt überdies die Gefahr, dass die Lebenshaltungskosten der lokalen Bevölkerung – insbesondere die Mieten – massiv ansteigen und Verarmungsprozesse einsetzen (Davies, 2000a, S. 83-84; Iten, 2002).

Risiken für Arbeitsmarkt und Produktion

Um den Zugang zu Devisen sicherstellen, der aussichtslosen Wirtschaftssituation entkommen zu können, ist die lokale Bevölkerung oftmals darauf angewiesen, dass zumindest ein Familienmitglied eine Anstellung bei einer internationalen Hilfsorganisation erhält. Angelockt von den im Vergleich zum lokalen Lohnniveau oft exorbitanten Salären neigen gerade Teile der lokalen Eliten dazu, ihre angestammten Arbeitsstellen aufzugeben und bei internationalen Hilfsorganisationen als Projektmitarbeiter, Administrativkraft, Übersetzer, Fahrer etc. unterzukommen (Davies, 2000a, S. 84). Dadurch drohen die lokale Wirtschaft, aber auch die öffentliche Verwaltung gerade jene Führungs- und Fachleute zu verlieren, die zum Weiterfunktionieren von Ökonomie und Staat entscheidend wären – Produktionseinbrüche sind mitunter die Fol-

69

ge. Der oft nötig werdende Import von Hilfsgütern vermag den Zerfalls-
prozess nicht zu bremsen. Im Gegenteil, drückt die Einfuhr von kosten-
losen Nahrungsmitteln oder Baumaterialien doch oft auf die lokalen
Preise, was den einheimischen Produzenten weiter zusetzt und die Bevölkerung von externer Hilfe abhängig macht.

Politische Risiken

Gerade in schwachen, zerrütteten Staaten sind internationale Organisationen und NGOs in Katastrophen- oder Kriegssituationen oft gezwungen, eigentliche Staatsaufgaben wahrzunehmen und Parallelstrukturen
aufzubauen. Dies ist nicht unproblematisch: Zum einen ist die Gefahr
groß, dass die verbleibenden Staatsorgane bei der Bevölkerung darob
weiter an Glaubwürdigkeit verlieren und Legitimität einbüßen. Zum anderen besteht das Risiko, dass lokale Politiker und Beamte sich durch
die externen Hilfs- und Entlastungsmaßnahmen ihrer gesellschaftlichen
Verantwortung entledigt sehen und sich berechtigt fühlen, den – nunmehr entlasteten – Staatshaushalt zu schröpfen, die – nunmehr freige-
wordenen – Ressourcen zu missbrauchen.[73]
Doch auch eine Einbettung, eine enge Zusammenarbeit von lokalen Be-
hörden, Politikern und Hilfsakteuren kann zu Problemen führen. Denn:
Unter Umständen kann die Zusammenarbeit als Parteinahme missverstanden oder zur Begründung von Machtansprüchen instrumentalisiert
werden; Hilfsorganisationen drohen dadurch ungewollt zu Legitimati-
onsquellen, ihre Aktionen zu politischen „Waffen" in den Händen lokaler Politiker zu werden. Ein öffentlicher Händedruck mag in manchen
Fällen genügen: Als etwa der US-Spezialgesandte für Somalia, Robert
Oakley, den Warlords Mohammed Farah Aidid und Ali Mahdi mit öf-
fentlichem Handschlag das Zugeständnis abrang, in den von ihnen kon-
trollierten Gebieten humanitäre Arbeit zuzulassen, verschaffte dies den
beiden Militärführern einen Autoritätszuwachs, der nicht nur als inter-

---

73 Auch in Situationen militärischer Besatzung kann dieser sogenannte „Frei-
setzungseffekt" Wirkung zeigen. Gemäß der 4. Genfer Konvention von 1949 ist
eine Besatzungsmacht dazu verpflichtet, für die in ihrer Besatzungszone
lebende Zivilbevölkerung zu sorgen. Oft sind es allerdings humanitäre Organisationen, die diese Aufgabe wahrnehmen und dadurch den Besatzern in die
Hände spielen.

nationale Quasi-Anerkennung ihrer Machtansprüche verstanden werden konnte, sondern auch den Unwillen anderer lokaler Akteure provozierte. Neue Spannungen waren die Folge (Terry, 2002, S. 44).

Kognitive Risiken

Neben solch handfesten Gefahren birgt humanitäre Hilfe auch das Risiko, dass sich im Bereich der Einstellungen, Überzeugungen und Wertungen negative Wirkungen ergeben. Wie Mary B. Anderson treffend bemerkte: „Wer Hilfe leistet, liefert nicht nur Güter und Dienstleistungen, sondern sendet auch implizite Botschaften aus" (1999, S. 55, Übersetzung d.V.). Zum Beispiel die implizite „Botschaft", die Hilfeleistenden seien den Hilfsempfängern überlegen: Ebenso wie die milde Gabe des Wohlhabenden an den Bettler beim Beschenkten ein Gefühl der Unterlegenheit und Abhängigkeit, beim Schenkenden ein Gefühl von Großmut und Stärke zurücklässt (Mauss, 1923/1924), genauso droht humanitäre Hilfe die Beziehung zwischen Nord und Süd zu vergiften: Während humanitäre Hilfe im Norden die Überzeugung nährt, der Süden bedürfe grundsätzlich der helfenden Hand des Nordens, geben die humanitären Transfers im Süden mitunter einer passiven Erwartungshaltung Auftrieb, die die gesamte Verantwortung dem Norden zuweist und jede Eigeninitiative verkümmern lässt.[74]

Das in humanitären Hilfstransfers offensichtlich werdende Gefälle zwischen Nord und Süd findet eine weitere Bestätigung im Umstand, dass internationale Organisationen – insbesondere die UN-Agenturen – ihren westlichen Vertretern vor Ort oft viel bessere Arbeitsbedingungen gewähren als ihren einheimischen Mitarbeitern: Während Expats in gesicherten Wohnanlagen leben, mit teurer Ausrüstung ausgestattet sind, gut entlöhnt und bei Gefahr evakuiert werden, kommen die lokalen Mitarbeiter oftmals nicht in den Genuss derartiger Privilegien. Die implizite Botschaft, die in den Augen der Einheimischen vermittelt wird, ist un-

---

74 In bestimmten Kontexten lässt humanitäre Hilfe weniger ein Gefühl des Nicht-Verantwortlich-Seins denn ein Gefühl der Ohnmacht aufkommen: Haben in einer Gesellschaft zum Beispiel die Männer traditionell die Pflicht, den Haushalt zu ernähren, kann die Schmach, in Krisensituationen dieser Pflicht nicht nachkommen zu können, durch die schier unbegrenzt erscheinenden Ressourcen und Möglichkeiten der Hilfswerke noch verstärkt, ein Gefühl der Minderwertigkeit und Ohnmacht hervorgerufen werden.

71

missverständlich – trotz aller gegenteiligen Rhetorik sind offenbar nicht alle Menschen gleich.[75]

2.3.2 Nebenwirkungen in Konflikt- und Kriegssituationen

Das Risiko ungewollter negativer Auswirkungen ist gerade in Konflikt- und Kriegssituationen besonders groß. Längst haben die Hilfswerke dies erkannt und machen heute die „Konfliktsensitivität" ihrer humanitären Hilfsaktionen zu einem zentralen Thema jeder Programmplanung und -evaluation. Dabei zeigt sich, dass besonders in folgenden Bereichen Gefahren lauern.

Wenn Krieg lohnender ist als Frieden

Dass Kriege skrupellosen Profiteuren die Möglichkeit bieten, an Macht und Reichtum zu gewinnen, ist eine Binsenwahrheit – seit jeher schlagen in Kriegszeiten Warlords, Marodeure, Waffenschieber, Drogen- und Menschenhändler Profit aus der Not anderer. Doch kann der Ausnahmezustand Krieg auch rechtschaffenen Bürgern Einkommensquellen eröffnen: Mit der Präsenz zahlreicher ausländischer Beobachter, Medienleute und humanitärer Helfer erweitert sich die Einkommensbasis der Hausbesitzer, Autovermieter, Fahrer, Taglöhner, Übersetzer, Büro- und Hausangestellten, Hoteliers, Wirte und Köchinnen – sie alle profitieren von der gestiegenen Nachfrage nach Dienstleistungen und Gütern. Nach und nach entsteht eine ökonomische Abhängigkeit, die immer größere Teile der lokalen Bevölkerung an die internationalen Helfer und Beobachter bindet. Je länger sich der Konflikt hinzieht und die übrige Wirtschaft darbt, umso mehr wird die Gemeinde der Expats zur primären Einkommensquelle, die über verschiedenste Kanäle die Bevölkerung, aber auch den Staat versorgt: Während die Staatsorgane etwa mittels Steuern, Einreisetaxen, (Flug-)Hafengebühren, Straßenzöllen etc. Einnahmen gene-

---

75 Legen dann noch einige Expats ein auffälliges, unangepasstes Verhalten an den Tag, indem sie Zerstreuungen nachgehen, die sich Einheimische weder leisten können noch dürfen – etwa touristische Ausflüge mit teuren Geländefahrzeugen, laute Parties, Alkoholkonsum, Prostituiertenbesuche etc. –, so verstärkt sich dieser Eindruck zusätzlich. Vgl. hierzu Anderson, 1999, S. 55-59.

rieren können, ist es Privaten möglich, ihre Einkommensbasis mit Lohn-
arbeit, mit der Vermietung von Wohnraum, dem Verleih von Fahrzeu-
gen, dem Verkauf von Nahrungsmitteln etc. aufzubessern (Terry, 2002,
S. 35). Diese ökonomischen Verquickungen stellen ein Hindernis für alle
Friedensbemühungen dar: „Ich fürchte mich beinahe vor diesem Frieden
und wünsche mir den Krieg zurück" – dieser sarkastische Ausspruch des
Taxifahrers, dem mit Kriegsende die Erwerbslosigkeit droht, zeigt, dass
nicht jedermann mit ungetrübter Freude einer Beendigung des Krieges
entgegenschauen kann. Im Falle des Taxifahrers mag dies ja noch unerheblich sein; gerade die eingangs erwähnten Warlords, Marodeure, Waffenschieber und sonstigen Kriegsgewinnler verfügen aber allzu oft über
die Möglichkeiten, den vormaligen „Ausnahmezustand Krieg" zum
existenzsichernden Dauerzustand zu machen.[76]

Wenn Hilfsaktionen den Krieg verlängern

Mitunter wirken sich humanitäre Aktionen aber noch direkter auf den
Verlauf von Konflikten aus: Indem Hilfsorganisationen Nahrungsmittel
und Medikamente verteilen, Unterkünfte erstellen, Verletzte pflegen
und Rückzugsräume schaffen, lindern sie manchmal nicht nur das Los
notleidender Zivilisten, sondern – wohl oder übel – auch dasjenige von
Soldaten, Milizionären oder Kriegstreibern. 1994 etwa nutzten die an-
geschlagenen Hutu-Milizen, die kurz zuvor in Ruanda einen Völkermord begangen hatten und mit dem Vormarsch der Tutsi-Verbände
selbst zu Kriegsvertriebenen geworden waren, die Flüchtlingslager im
benachbarten Kongo, um unterzutauchen, sich zu reorganisieren, Kräfte
zu sammeln – und ihre Terrorherrschaft wieder aufzunehmen. Wären
die genocidaire-Milizen ohne humanitäre Hilfe wohl schon sehr bald
auseinander gebrochen, war es den vormals hungernden oder verletzten
Kämpfern nun dank der Hilfsaktionen möglich, wieder zu den Waffen
zu greifen, gegen den wirkungslosen Widerstand der Hilfswerke die
Kontrolle über einige Flüchtlingslager zu übernehmen und in Eigenre-
gie über die Verteilung von Hilfsgütern zu bestimmen, neue Milizionäre
anzuwerben, in unmittelbarer Nähe zu den Flüchtlingslagern militärische Trainingscamps zu errichten und – reorganisiert und gestärkt –

---

76   Vgl. hierzu Jean, Rufin, 1996; Terry, 2002, S. 35-42; Rufin, 2000; Pérouse
de Montclos, 2002

neue Überfälle auf ihre Widersacher in Ruanda zu starten (Terry, 2002, S. 1-5).

Wenn Hilfsmaßnahmen neue Rivalitäten schaffen

Selbst in Krisensituationen, in denen es noch zu keinen Gewaltausbrüchen gekommen ist, kann humanitäre Hilfe zu einer Verschärfung der Lage führen: Da selten alle Bevölkerungsgruppen gleichermaßen von Not betroffen sind und daher auch nicht gleich viel Hilfe erhalten, kann es unter Umständen zu Neid und Missgunst, zu gesellschaftlichen Spannungen kommen. Selbst eine noch so vorbildliche Verteilungspolitik, die sich alleine am jeweiligen Ausmaß der Not orientiert, kann diesen Effekt nach sich ziehen: In humanitären Krisensituationen bedürfen oft gerade marginalisierte Gruppen wie Flüchtlinge, Unberührbare oder ethnische Minderheiten besonders der Hilfe und werden daher von den humanitären Organisationen prioritär berücksichtigt; bereits bestehende Ressentiments werden dadurch akzentuiert, neue gesellschaftliche Spannungen werden geschaffen. Offene Anfeindungen oder gar Gewaltausbrüche können die Folge sein (Anderson, 1999, S. 46-49).

2.3.3 Gratwanderung

Humanitäre Hilfe ist und bleibt eine Notwendigkeit – daran ändert auch die Vielzahl möglicher Risiken und schädlicher Nebeneffekte nichts. Die Not, die Hoffnungslosigkeit in Kriegs- und Katastrophensituationen macht humanitäres Handeln unerlässlich, die Frage „Humanitäre Hilfe – ja oder nein?" stellt sich nicht. Dennoch oder vielleicht gerade deswegen gehört es zu den Pflichtaufgaben einer professionellen Katastrophenhilfe, sich der negativen Auswirkungen der eigenen Aktionen gewahr zu werden – nur so können unnötige Gefahren umgangen, vermeidbare Schäden verhindert, voraussehbare negative Effekte ausgemerzt werden. Längst haben dies die humanitären Akteure erkannt und mit Lessons Learnt-Prozessen die Sensibilität ihrer Organisationen erhöht, mit Monitoring- und Evaluationsverfahren die schädlichen Nebenwirkungen ihrer Hilfsprogramme reduziert.

Trotzdem: Alle schädlichen Effekte lassen sich nicht vermeiden; immer wieder zeitigen humanitäre Aktionen unbeabsichtigte negative Folgen. Die Hilfswerke geraten daher oft in die Zwickmühle: Sollen sie in einer

Kriegssituation mit humanitärer Hilfe fortfahren, selbst wenn sie dadurch nachweislich Konfliktparteien alimentieren und so die Kämpfe ungewollt verlängern? Dürfen sie zur Erfüllung ihres humanitären Auftrags weitere Kriegsopfer in Kauf nehmen? Wenn nein, dürfen sie überhaupt auf notlindernde Hilfe verzichten, um damit langfristige Schäden zu vermeiden? Oder ist es so, dass humanitäre Akteure zu Hilfe verpflichtet sind, wo und wann immer sie Not antreffen?

2.4 Missbrauch und Instrumentalisierung

In den Jahren 1983 bis 1985 starben im Norden Äthiopiens Hunderttausende von Menschen an den Folgen einer verheerenden Hungersnot. Entgegen ersten Vermutungen war die Lebensmittelknappheit dabei nicht Folge von Dürren, Missernten oder landwirtschaftlichem Missmanagement, sondern vielmehr Konsequenz und Ziel einer menschenverachtenden Politik der Machthaber in Adis Abeba. Um ihre Widersacher im Norden ihrer Basis zu berauben, betrieben sie eine Politik der „verbrannten Erde" und erzeugten mit Militärgewalt eine Hungersnot, die zu einer Zermürbung der Opposition und einer Entvölkerung der von ihr gehaltenen Gebiete führen sollte – Hunger war zur Kriegswaffe geworden. Doch auch die bald einsetzende internationale Hilfe wurde instrumentalisiert: „Hilfsgüter und Equipment wurden zu besonders effektiven Waffen im Umsiedlungsplan der Regierung. Angeblich im Interesse der Bewohner der nördlichen, ‚hungersnotanfälligen' Regionen wurde ein Plan umgesetzt, der in Wahrheit dazu diente, die Opposition von ihren Anhängern zu entfremden. Die Hilfsaktivitäten wurden dazu benutzt, um diese Ziele zu erreichen: Nahrungsmittel-Verteilzentren wurden zu Fallen, in denen sich viele Menschen einfanden – und zwangsrekrutiert wurden. Die Hilfe diente als Deckmantel, die Präsenz der internationalen NGOs gab den Programmen eine gewisse Legitimität. Einige NGOs übernahmen gar die Scheinlogik der Regierung und halfen bei den Umsiedlungsaktionen mit – in der Meinung, damit zukünftige Hungersnöte zu vermeiden. Um die Zwangsumsiedlungen zu erleichtern, beschlagnahmte die Regierung Lastwagen und Gelder, die für Hilfsaktionen im Norden vorgesehen waren, und enthielt jenen Nahrungsmittelhilfe vor, die sich nicht umsiedeln lassen wollten. In einigen Camps gab die äthiopische Regierung hungernden Kindern solange

keine Nahrungsmittel, bis deren Eltern einer Umsiedlung zustimmten"
(Terry, 2002, S. 48-49; Übersetzung d.V.).

Nur selten wird humanitäre Hilfe auf derart schamlose und drastische Weise missbraucht wie in obigem Beispiel. Trotzdem: Jeder humanitäre Einsatz birgt die Gefahr, dass die Helfer zur Erreichung nichthumanitärer Ziele instrumentalisiert, die Hilfsgüter zur Befriedigung von Partikulärinteressen missbraucht werden. Zwar sind sich die Hilfsakteure dieser Gefahren wohl bewusst und darum bemüht, Missbrauchsmöglichkeiten zu eliminieren. In manchen Bereichen sind Missbräuche und Instrumentalisierungen allerdings nur schwer zu verhindern – sowohl in den Geberländern (2.4.1) als auch in den Krisengebieten (2.4.2) selbst.

2.4.1 Missbrauch in den Geberländern

Dass humanitäre Hilfe nicht nur in Krisenregionen, sondern auch in den Geberländern missbraucht und zur Erreichung nichthumanitärer Ziele eingespannt werden kann, ist eine Tatsache, der in der westlichen Öffentlichkeit noch wenig Beachtung zuteil wird. Nicht erstaunlich, geht es in den Geberländern doch meist um die diskrete Form der politischen Instrumentalisierung.

Humanitäre Hilfe – Instrument der politischen Interessenwahrung?

Spektakuläre Fälle von Terrorismus, Waffenproliferation, Drogen- und Menschenhandel etc. haben in den letzten Jahren das Bewusstsein dafür geschärft, dass selbst weit entfernte Krisenherde drastische Auswirkungen auf den Westen haben können. Diese neue Sensibilität in den Machtzentren des Nordens führte nicht nur zu einem verstärkten politischen, militärischen und humanitären Engagement in einigen dieser Krisenzonen, sie bedroht auch zunehmend die Unabhängigkeit humanitärer Akteure: Mit großer Selbstverständlichkeit ordnen Geberländer die humanitären Anliegen ihren politischen und militärischen Zielen unter, stellen Hilfsaktionen als Instrument der Außenpolitik dar und nutzen sie zur Durchsetzung der eigenen Interessen. Das Credo, wonach alleine das Ausmaß der menschlichen Not die Zuteilung von humanitärer Hilfe bestimmen darf, wird immer öfter ignoriert.[77]

Zwar gehen nicht alle Staaten soweit wie Großbritannien 1997 in Sierra Leone, als die Blair-Regierung aus politischen Motiven Hilfsorganisationen behinderte und Nothilfe-Aktionen militärisch unterband (HDC, 2003). Doch sind immer mehr Regierungen bereit, ihr humanitäres Engagement im Namen einer „kohärenten" Außenpolitik zu konditionalisieren, das heißt nur dann Hilfe zu leisten, wenn bestimmte politische Voraussetzungen vor Ort erfüllt sind und damit den eigenen Interessen gedient ist. Humanitäre Hilfe wird so zum Instrument, mit dem wohlgefällige Regierungen belohnt, politische Unterstützung „gekauft",[78] Good Governance-Reformen durchgesetzt, Marktliberalisierung erzwungen, Migrationsströme eingedämmt,[79] Flüchtlingsrückführungen und Terrorismusbekämpfung provoziert, „renitente" Regierungen „auf den rechten Weg" gezwungen werden sollen.

---

77 So erklärte der frühere luxemburgische Kooperationsminister, gefragt nach den Kriterien, die das staatliche humanitäre Engagement bestimmen sollten, unverblümt: „Die politischen Prioritäten der europäischen Union sind (...) die Stärkung der Demokratie, die Unterstützung guter Regierungsführung und eine dauerhafte Entwicklung der Länder der Dritten Welt. (…) Die EU [muss] die Form ihrer Zusammenarbeit überdenken, wenn ein Partner beschließt, sich von den genannten Zielen zu entfernen" (Goerens, 2003b). Und auch auf UNO-Ebene wird die Integration des Humanitären ins Politische forciert: Der Brahimi-Report, der zu zahlreichen Reformen im humanitären Bereich der UNO geführt hat (Brahimi et al., 2000), stellt in den Augen von Barry und Jeffreys „ein extremes Beispiel der zunehmenden Verschmelzung von humanitärer Hilfe und politischen Bestrebungen dar, postuliert er doch eine allumspannende Kommando- und Kontrollstruktur, die humanitäre Hilfe bloß als eines der ‚Werkzeuge im Werkzeugkasten' des Konfliktmanagements sieht" (Barry, Jeffreys, 2002, S. 8; Übersetzung d. V.). Vgl. auch NGO VOICE, 2004.
78 Hier kann zum Beispiel auf den Versuch der USA 2002/03 verwiesen werden, mittels Entwicklungs- und humanitärer Hilfe die Stimmen einzelner UNO-Mitglieder zu kaufen, um damit eine Resolution zur Legitimierung eines Irak-Feldzuges zu erlangen.
79 Die Angst vor einem Anschwellen der Immigranten-Zahlen scheint ein wesentlicher Faktor zu sein, der die Ausgestaltung staatlicher humanitärer Programme mitprägt. Als 1999 die UNO zu humanitärem Engagement in verschiedenen Krisengebieten aufrief, fiel das Engagement des Nordens – das heißt vieler europäischer Staaten – höchst unterschiedlich aus: Während die Hilfe an die Notleidenden im Kosovo umgerechnet 207 Dollar pro Kopf betrug, waren es in Sierra Leone nur 16 Dollar pro Kopf, in Kongo gar nur 8 Dollar. Vgl. hierzu Bookstein, 2003, S. 17.

Auch wenn eine Abstimmung politischer und humanitärer Aktivitäten auf den ersten Blick als Gebot der Vernunft erscheint und ohne Zweifel die Wirksamkeit staatlicher Außenpolitik zu steigern vermag, so ist sie aus humanitärer Sicht trotzdem gefährlich: Die Bedürfnisse der Notleidenden drohen politischer Opportunitäten wegen hintangestellt oder als Druckmittel missbraucht zu werden (von Pilar, 2002, S. 170-171). Wer einer „Kohärenz" von Politik und humanitärem Handeln das Wort redet, bedarf daher einer gehörigen Portion Naivität: Solange sich die politischen Interessen der Geberländer nicht mit jenen der Notleidenden decken, dürfen humanitäre Aktionen auch nicht zum Instrument der Außenpolitik degradiert werden (Macrae, Leader, 2000, 2002).

Humanitäre Hilfe – Feigenblatt für politische Untätigkeit?

Manchmal dienen humanitäre Aktivitäten westlichen Regierungen auch innenpolitischen Zielen: Fehlt der politische Wille, in einem Krisengebiet politisch zu intervenieren, ist humanitäres Engagement oft ein willkommener Deckmantel, mit dem die eigene Untätigkeit kaschiert und die Erwartungen der Öffentlichkeit befriedigt werden können. Bezeichnend ist in diesem Zusammenhang die Reaktion der europäischen Staaten auf den Bosnien-Krieg: Als immer mehr Medienberichte über Massenexekutionen und Vertreibungen die westliche Öffentlichkeit schockierten, war es den Entscheidungsträgern nicht mehr länger möglich, dem Krieg tatenlos zuzusehen. Angesichts politischer Differenzen und militärischer Impotenz konnten sich die europäischen Staaten aber nicht zu wirksamen politischen oder gar militärischen Schritten durchringen. Also wählte man den „humanitären" Ausweg: Der Krieg wurde zur „humanitären Katastrophe" erklärt, der politische Konflikt mutierte sprachlich zur Naturerscheinung, deren Ursache nicht beizukommen ist. Dementsprechend begann Europa, Nothilfeaktionen durchzuführen, Verletzte zu pflegen, Vertriebene zu beherbergen und Hungernde zu versorgen, statt gegen das Morden vorzugehen, die Vertreibungen zu stoppen und Sicherheit zu schaffen. Zwar konnte dieser humanitäre Aktivismus nicht den Fortgang des Krieges verhindern, zumindest aber vermochte er die eigene politische Untätigkeit zu verdecken, die Öffentlichkeit ruhig zu stellen und Proteste zu verhindern: „Wir kümmern uns drum!" war die Botschaft, die die Hilfsaktionen zu verbreiten hatten.

Bosnien ist kein Einzelfall. Gerade in jenen Weltregionen, die für Industriestaaten weder als strategische Vorposten noch als Rohstofflieferanten oder Absatzmärkte von Bedeutung sind, wird humanitäre Hilfe oft zum regelrechten Außenpolitik-Ersatz; statt politische oder wirtschaftliche Beziehungen zu unterhalten, begnügt man sich mit der Entsendung humanitärer Helfer: „Die Reichen kriegen Diplomaten, die Armen bekommen humanitäre Helfer" (Macrae, Leader, 2001).

Humanitäre Hilfe – Nothilfe für die eigene Wirtschaft?

Humanitäres Engagement kann unter Umständen auch wirtschaftlichen Interessen der Geberländer dienen: Gerade Wiederaufbau-Projekte werden von westlichen Regierungen gerne dazu genutzt, die heimische Industrie mit lukrativen Aufträgen zu versorgen (Singer, 2004). Doch auch Nothilfe-Aktionen erweisen sich wirtschaftlich einträglich, können doch mittels Hilfslieferungen eigene Agrarüberschüsse abgebaut und heimische Produzenten unterstützt werden: Obwohl die in Krisenzonen benötigten Hilfsgüter häufig in der Region selbst bezogen werden könnten, kaufen viele staatliche Hilfsagenturen lieber die heimischen Überschüsse auf und übergeben diese den Hilfswerken zur Verteilung.[80] Unter dem Deckmantel des Humanitarismus werden so die eigenen Produzenten unauffällig subventioniert.

Während diese Politik von westlichen Wirtschaftsvertretern ohne Zweifel positiv bewertet wird, kann die Bilanz in den Krisenregionen selbst nur schlecht ausfallen: Zum einen führt der Import kostenloser ausländischer Güter zu einem Preiszerfall auf den lokalen Märkten und damit zu einer Schwächung der lokalen (Land-)Wirtschaft; zum anderen wird durch derartige Einfuhraktionen eine passive Nehmer-Mentalität kultiviert: „Wir beten für Regen in Kanada" (Mükke, 2003) – dieser zynische Ausspruch äthiopischer Bauern macht diese Gefahr deutlich.

Besonders in der Kritik steht heute der Import gentechnisch veränderter Nahrungsmittel (GVO). Dass afrikanische Krisenländer vom World Food Programme und USAID gegen ihren Willen gezwungen werden, die vorwiegend in den USA anfallenden GVO-Überschüsse zu überneh-

---

80   1994 bestand die EU-Hilfe für Äthiopien zu 93 Prozent aus subventioniertem EU-Weizen; nur 1,4 Prozent der verteilten Nahrungsmittelhilfe kam aus äthioien selbst. Vgl.hierzu Knaup, 1996, S. 92.

men, zeugt nicht nur von neokolonialer Überheblichkeit, sondern stellt die lokale Landwirtschaft auch vor handfeste Probleme. Zum einen verstärken die GVO-Lieferungen die Abhängigkeit von externer Hilfe: Verwenden Bauern die „Hilfslieferungen" als Saatgut, wird jedes Jahr der Import neuen Saatguts nötig – das GVO-Getreide selbst wirft keine fruchtbaren Samen ab. Zum anderen verringern sich die ohnehin schmalen Exportchancen der lokalen Landwirtschaft: Können die Bauern nicht mehr garantieren, dass ihre Exportgüter (zum Beispiel Soja) vollständig GVO-frei produziert wurden, finden sie im Norden keinen Absatz mehr – gerade europäische Konsumenten sind nicht willens, GVO-Erzeugnisse zu kaufen (Räther, 2004).

2.4.2 Missbrauch in den Krisengebieten

Im Gegensatz zu den eben erwähnten Instrumentalisierungsversuchen der Geberländer sind die in Krisengebieten begangenen Missbräuche seit langem ein Thema der öffentlichen Auseinandersetzung. Zum einen werden in Kriegs- und Katastrophenzonen mitunter humanitäre Hilfslieferungen als Einnahmequelle missbraucht, das heißt unterschlagen, durch ad-hoc-Steuern und -Zölle abgezweigt oder mittels Erpressungen in die Taschen von Verbrechern umgeleitet. Zum anderen wird humanitäre Hilfe in Krisengebieten aber auch politisch instrumentalisiert.

Humanitäre Helfer als Nutznießer?

Korruption stellt ein wesentliches Hemmnis für die wirtschaftliche und soziale Entwicklung in den Krisengebieten dar. Veruntreuung von Hilfsmitteln durch staatliche Amtsträger ist die bei weitem häufigste Form der Korruption in der Entwicklungszusammenarbeit. Kombiniert wird sie oft mit Bestechung, die dazu dient, Veruntreuung abzusichern, zum Beispiel, wenn Kontrollbehörden „eingebunden" werden müssen. Die Auswirkungen sind erheblich: Korruption entzieht dem Entwicklungsprozess einen großen Teil der Mittel, verteuert Projekte und führt dazu, dass Projekte auch dann umgesetzt werden, wenn ihr Nutzen zweifelhaft ist – dann nämlich, wenn sie für korrupte Beamte lukrativ sind. Das wohl am weitesten verbreitete Verfahren, Entwicklungshilfe zu veruntreuen, ist die so genannte Kick-Back-Vereinbarung bei der Vergabe öffentlicher Aufträge. Der Lieferant stellt dabei überhöhte Rechnungen aus und transferiert den überschüssigen Betrag an denjenigen zurück, der ihm den Auftrag verschafft hat. Meist ist dieses Vorgehen verbunden mit der Manipulation von Ausschreibungsverfahren.

Korruption ist kein Phänomen, das kulturell zu erklären wäre. Überall dort, wo es an Kontrolle von Macht mangelt, ist der Anreiz, sich korrupt zu verhalten, hoch. Das gilt ebenso für staatliche Amtsträger wie für Nichtregierungsorganisationen. Gerade diese weisen einige spezifische Risiken auf, weil oftmals keine festgelegten Verfahren der administrativen Kontrolle existieren.

Leidtragende der Korruption sind in jedem Fall die Armen. Ihnen fehlt es nicht nur an Rechtssicherheit und dem freien Zugang zu staatlichen Leistungen, auch die humanitäre Hilfe kommt bei ihnen gar nicht, verspätet oder nur in schlechterer Qualität an.

Missbrauch ganz anderer Art liegt vor, wenn Politiker den Entwicklungsorganisationen falsche Tatsachen vorgaukeln. Manche Machthaber schrecken nicht davor zurück, die Lage der von ihnen beherrschten Menschen bewusst zu verschlimmern oder zumindest übertrieben darzustellen, um sich damit die Hilfslieferungen als Einnahmequelle zu erhalten (Mükke, 2003).

Humanitäre Akteure als Instrument der Machterhaltung?

Indem lokale Machthaber humanitäre Akteure mittels Drohungen, Entführungen, Schikanierungen oder Überfällen aus gewissen Zonen vertreiben, in anderen Gebieten dagegen gewähren lassen, können sie gegen den Willen der Hilfsakteure faktisch „mitentscheiden", welche Gebiete oder Personen begünstigt, welche dagegen außen vor gelassen werden. Dies lässt sie nicht nur über Leben und Tod von Menschen entscheiden, sondern ermöglicht ihnen auch, ihre Klientel zu bevorzugen, etwaige Kontrahenten zu übervorteilen, strategische Geschenke an einflussreiche Bevölkerungsgruppen zu machen – kurz: ihre Machtbasis auszubauen und die eigene Einflusssphäre zu vergrößern.

Humanitäre Akteure als Komplizen?

Mitunter werden Hilfsaktivitäten direkt für politische Ziele nutzbar gemacht: Im Bosnien-Krieg zum Beispiel verfolgten serbische Milizen das Ziel, mit Terror die muslimische Minderheit zu vertreiben und Bosnien „ethnisch zu säubern". Die humanitären Organisationen sollten gegen ihren Willen bei der Vollendung dieses Plans mithelfen: Indem die Milizen ihre Überfälle verstärkten und gleichzeitig in den angestammten Wohngebieten der Muslime humanitäre Aktionen verhinderten, stellten sie die Hilfsorganisationen vor die Wahl, entweder unverrichteter Dinge abzuziehen oder die bedrohten Menschen in jene Gebiete zu evakuieren, die ihnen vom rassistischen Plan der Milizen zugewiesen worden waren. Wollten die Hilfsorganisationen ihrer Selbstverpflichtung zur Notlinderung nachkommen, mussten sie also wohl oder übel die bedrohten Menschen umsiedeln, der Segregierung der Volksgruppen Vorschub leisten und somit zum Instrument einer Politik der „ethnischen Säuberungen" werden.[81]

Humanitäre Akteure als Legitimationsquelle?

Internationale humanitäre Organisationen drohen in Krisensituationen immer wieder – aufgrund ihrer Medienpräsenz und öffentlichen Glaubwürdigkeit – als Quelle der Legitimation, als Beweis gerechtfertigter Machtansprüche missbraucht zu werden: Wird ein lokaler Machthaber wegen seiner militärischen (Behinderungs-)Möglichkeiten, seines Einflusses oder seiner Kenntnisse zum Verhandlungspartner von humanitären Organisationen, kann ihm dieser Kontakt eine willkommene Plattform bieten, um seine Führungsrolle zu festigen, seine Politik international bekannt zu machen und seinen Machtanspruch zu demonstrieren (Terry, 2002, S. 42-47). Manchmal schrecken Machthaber nicht einmal davor zurück, für diese Ziele das Los ihrer eigenen Leute absichtlich zu verschlechtern: Als etwa die nigerianische Regierung die Provinz Biafra nach deren Unabhängigkeitserklärung 1967 abschottete, um so die Bevölkerung auszuhungern und die Sezessionsbewegung Oberst Ojukwus zu schwächen, nutzte dieser die Hilfs- und Spendenaufrufe der herbeieilenden humanitären Organisationen als Vehikel, um sich und seinen

---

81 Das UNHCR entschied sich gegen solche Evakuierungen, nahm also die bestehende Not in Kauf, um nicht zum Instrument der serbischen Politik zu werden. Das IKRK hingegen stellte das Prinzip der Lebensrettung über alles andere und entschied sich für Evakuierungen, womit sie ungewollt, aber wissentlich zur Realisierung des serbischen Kriegsziels beitrugen. Vgl. hierzu Terry, 2002, S. 47-48.

Sezessionskampf weltweit bekannt zu machen sowie Unterstützung und internationale Anerkennung zu erlangen. Für Ojukwu war die Anwesenheit der Hilfsorganisationen gar so wichtig, dass er deren Bemühungen sabotierte[82] und das Leiden seiner Leute perpetuierte, nur um damit die weitere Präsenz der Hilfswerke, die weitere Beachtung und Unterstützung seiner Sezessionsbestrebungen sicherzustellen (Terry, 2002; Philipps, 2000).

Humanitäre Akteure als Lückenbüßer?

Ebenso schamlos werden Hilfswerke von jenen Machthabern ausgenutzt, die rücksichtslos ihre politischen Ziele verfolgen und zum Beispiel „Privatkriege" führen, horrende Summen in teure Wehrtechnologien investieren oder im Luxus schwelgen, gleichzeitig aber der Lage der von ihnen beherrschten Menschen gleichgültig gegenüberstehen und sie den humanitären Organisationen überantworten. Die Helfer sehen sich in derartigen Situationen vor die Wahl gestellt, entweder dem Leiden der Bevölkerung tatenlos zuzusehen oder mit humanitären Maßnahmen die Not zu lindern – und damit die Machthaber aus ihrer Verantwortung zu entlassen, deren Staatsressourcen für anderweitige Zwecke freizumachen, soziale Unzufriedenheit zu dämpfen. Die Führung Nordkoreas etwa leistet sich seit Jahrzehnten eine riesige Militärmaschinerie, die zum Beispiel im Jahr 2002 34 Prozent des Bruttoinlandproduktes verschlang, während Jahr für Jahr Tausende von Menschen Hungersnöten zum Opfer fallen (CIA, 2004; Watts, 2003).

2.4.3 Gratwanderung

Nicht immer nimmt der Missbrauch humanitärer Hilfe derart drastische Ausmaße an wie in den erwähnten Krisenfällen Äthiopien, Nordkorea oder Biafra. Dies kann aber nicht darüber hinweg täuschen, dass politische Instrumentalisierungsversuche, Unterschlagungen, Veruntreuung und andere Missbräuche zahlreiche humanitäre Hilfsaktionen begleiten. Zwar lassen sich viele dieser Missbräuche eindämmen, vollständig un-

---

82 So behinderte Ojukwu Hilfstransporte, lehnte die Einrichtung humanitärer Korridore ab und erhob Steuern auf Hilfsflüge und den Gebrauch lokaler Produkte und Dienstleistungen.

terbinden lassen sie sich aber in der Regel nicht. Daher sehen sich die Hilfswerke nicht selten gezwungen, schwierige Entscheidungen zu treffen: Soll eine humanitäre Aktion weitergeführt werden, auch wenn sie einem Regime ermöglicht, seine verantwortungslose Politik weiterzutreiben? Ist Nothilfe noch sinnvoll, wenn große Teile der Hilfsgüter unterschlagen oder von Lokalfürsten zur Belohnung von Verbündeten missbraucht werden? Ist es zu verantworten, wenn Korruption Hilfsprojekte massiv verteuert? Soll die Zusammenarbeit mit nicht-staatlichen Organisationen aufrechterhalten werden, auch wenn der Verdacht besteht, dass ein Teil der Projektmittel veruntreut wird? Und: Soll eine Organisation Hilfsmaßnahmen durchführen, wenn diese einer unverantwortlichen Außenpolitik eines Geberlandes Vorschub leisten oder der lokalen Wirtschaft dauerhaft schaden? Mit dem Abbruch eines humanitären Engagements würde man zwar jede Instrumentalisierung verhindern – aber auch die Notleidenden im Stich lassen müssen.

2.5 Politisierung

Afghanistan 1997: Unmittelbar nach ihrer Machtergreifung forderten die Taliban-Kämpfer die im Land arbeitenden Hilfsorganisationen auf, ihre humanitären Programme der radikal-islamistischen Ideologie der Taliban anzupassen, allen weiblichen Angestellten die Arbeit zu verbieten und bei der Verteilung der Hilfsgüter eine systematische Diskriminierung von Frauen und Mädchen hinzunehmen.[83] Vor die Wahl gestellt, ihre Hilfsaktivitäten unter diesen abstoßenden Bedingungen fortzuführen oder aber sofort alle Hilfsprogramme einzustellen und abzureisen, entschlossen sich beinahe alle Organisationen, ihre Aktivitäten zu suspendieren. Einzig das IKRK entschied sich, den Forderungen der Taliban nachzugeben und seine Hilfsprogramme aufrecht zu erhalten. Ein Rückzug komme nicht in Frage, verbaue man sich dadurch doch noch die letzte Chance, hungernden und verletzten Menschen helfen zu können, begründete damals der stellvertretende IKRK-Missionschef in Kabul den Entscheid seiner Organisation gegenüber dem Publizisten Mi-

---

83   So wurde Frauen der Zutritt zu Nahrungsmittel-Verteilstationen verwehrt. Mitarbeiterinnen humanitärer Organisationen war es grundsätzlich untersagt, im direkten Kontakt mit der notleidenden Bevölkerung zu arbeiten.

chael Ignatieff (2000). Das IKRK müsse als humanitäre Organisation manchmal auch problematische Arbeitsbedingungen hinnehmen und Menschenrechtsanliegen außen vor lassen – nur so könne die Organisation ihren humanitären Auftrag erfüllen und Notleidenden zu Hilfe kommen. Auf Ignatieffs Frage, ob denn der Kampf für Menschenrechte, der Kampf gegen die Ausgrenzung und Verfolgung von Frauen nicht auch zum humanitären Auftrag gehöre, habe der stellvertretende Missionschef geantwortet: „Of course not".[84]

Mit seltener Deutlichkeit hat das menschenverachtende Ultimatum der Taliban-Milizen aufgezeigt, dass die „Hilfswerksgemeinschaft" – trotz vieler gemeinsamer Grundüberzeugungen und Ziele – keine homogene Einheit ist, sondern vielmehr von programmatischen Verwerfungen und Rissen durchzogen wird. Zwar haben seit jeher größere oder kleinere Differenzen zwischen humanitären Akteuren bestanden und den einzelnen Organisationen ihre spezifische Identität gegeben. Seit dem Ende des Kalten Krieges haben sich diese Unterschiede aber – nicht zuletzt aufgrund der Entstehung vieler neuer humanitärer Organisationen – deutlich akzentuiert. Einige Beobachter gehen gar soweit zu postulieren, in den letzten Jahren habe sich in einem Teil der humanitären Szene ein regelrechter Paradigmenwechsel vollzogen. Dabei sei eine Art New Humanitarianism entstanden, der in wichtigen Kernfragen mit der bisherigen Tradition der humanitären Hilfe breche und neue Wege beschreite.

In der Tat wird die Frage, welche Aufgaben humanitäre Organisationen in ihrer Arbeit vor Ort wahrnehmen sollten, heute unter Hilfswerken kontroverser denn je diskutiert: Gehört der Kampf für Menschenrechte zum Aufgabenbereich humanitärer Organisationen oder sollen sie sich auf ihr klassisches Aufgabenfeld – die unmittelbare Hilfe an Katastrophen- und Kriegsopfer – beschränken? Müssen humanitäre Helfer konsequent gegen Gewaltherrschaft, Willkürjustiz, Diskriminierungen und Verfolgungen ankämpfen, auch wenn damit klassische Hilfsaktionen unmöglich zu werden drohen? Dürfen und sollen humanitäre Akteure sich politisch einmischen und etwa versuchen, mittels ihrer Programme ungerechte Gesellschaftsstrukturen aufzubrechen? Oder müssen sich Hilfsorganisationen aus allen politischen Händeln heraus halten, um als unparteiische Dritte zu den Notleidenden auf allen Seiten vorgelassen zu werden?

---

84 Zitiert in Fox, 2000, S. 27.

Die Antworten der verschiedenen humanitären Akteure auf diese Fragen sind vielfältig, den Nuancen der laufenden Fachdiskussion ist an dieser Stelle kaum gerecht zu werden. Die Extrempositionen, die das Spektrum der vertretenen Meinungen abstecken, lassen sich jedoch klar umreißen: Den einen Pol stellen humanitäre „Puristen" dar, die ihre Aufgabe ausschließlich in der unmittelbaren Hilfe an Notleidende sehen – der Pflege Verletzter, Versorgung Hungernder, Betreuung Vertriebener und Unterbringung Schutzsuchender. Die andere Position wird von Protagonisten eines New Humanitarianism gebildet, die humanitäre Hilfe als eines von vielen Elementen eines umfassenden politischen Kampfes für bessere Lebensbedingungen und gerechtere Gesellschaftsstrukturen erachten.[85] Ihre Ambitionen sind weit größer als diejenigen ihrer „puristischen" Kollegen: Während humanitäre Akteure „puristischer" Couleur Kriege, Verfolgungen, Menschenrechtsverstöße etc. als kaum zu verhindernde Eigenheit der conditio humana erachten und ihre Aufgabe in der Linderung der daraus erwachsenden Not sehen, versuchen die New Humanitarians über die Notlinderung hinaus gegen die Ursachen vorzugehen und – als humanitäre Akteure – für Menschenrechte, Good Governance und Rechtsstaatlichkeit einzutreten, Friedensförderung und Entwicklungspolitik zu betreiben und Ungerechtigkeiten anzuprangern (de Waal, Omaar, 1996; Macrae, 2002).

2.5.1 „Puristischer" Ansatz

Ob dieser unterschiedlichen Herangehensweise anzunehmen, humanitäre „Puristen" täten Menschenrechts-, Friedensförderungs- oder Entwicklungsbestrebungen als unwirksam oder gar unnötig ab, wäre allerdings falsch. Vielmehr erachten sie die Verbindung von humanitärem Engagement mit derartig politischen Aktivitäten als unmöglich: Wer humanitäre Hilfe leisten wolle, müsse von allen Kriegsparteien, Gesellschaftsgruppen und Glaubensgemeinschaften gleichermaßen akzeptiert werden; dies bedinge, dass sich der humanitäre Helfer aus allen gesellschaftlichen Konflikten heraushalte und Aktionen politischer, ideologischer, sozialer

---

85 Der Begriff New Humanitarianism wurde unter anderem von Fiona Fox (2001b) und Mark Duffield (2001) geprägt. Andere Autoren schlagen Kategorien wie Minimalists/Maximalists (Weiss, 1999b) oder Humanitarian Prophets/ Humanitarian Priests (Slim, 1998) vor.

oder religiöser Natur unterlasse. Die Trennung müsse klar sein: „Humanitäre Hilfe spielt sich zwar mitten in, aber klar getrennt von der politischen Arena ab" (Warner, 1999, Übersetzung d.V.).[86]

Die moderne humanitäre Hilfe, wie sie im 19. Jahrhundert entstanden ist, fußt für die Puristen auf einem impliziten Deal, der vom New Humanitarianism gebrochen zu werden drohe: Die involvierten Parteien gestünden humanitären Helfern den Status des Unparteiischen, des „harmlosen" Außenstehenden zu; im Gegenzug dazu verlangten sie, dass sich die Helfer strikt neutral und unparteilich verhielten, das heißt sich jeder Einmischung in gesellschaftliche Konflikte enthalten, jede Parteinahme vermeiden und bei der Zuteilung von Hilfe einzig das Ausmaß der Not zum Kriterium nehmen. Der Versuch der New Humanitarians, nicht nur gegenwärtige Not zu lindern, sondern auch gegen deren Wurzeln anzugehen und gesellschaftliche Veränderungen anzustreben, stelle folglich für die involvierten gesellschaftlichen Parteien eine Abkehr von den Prinzipien der Neutralität und Unparteilichkeit dar – mit gravierenden Konsequenzen: Wer als humanitärer Helfer für Frieden, Rechtsstaatlichkeit und Menschenrechte eintrete und sozio-ökonomische Veränderungen anstrebe, müsse damit rechnen, innert Kürze zur Zielscheibe von Anfeindungen, Schikanierungen, Behinderungen oder gar bewaffneten Angriffen zu werden. Das politische Engagement werde so zur Hypothek, die es humanitären Akteuren am Ende unmöglich mache, ihrer Kernaufgabe – der Hilfe für notleidende Menschen – nachzukommen.

2.5.2 Kritik an der „puristischen" Tradition

Politische Enthaltung als unabdingbare Voraussetzung für humanitäre Handlungsfähigkeit im Feld – diese Maxime der „puristischen" humanitären Tradition ist in den 90er Jahren zunehmend auf Skepsis gestoßen. Insbesondere zwei Fragen haben dabei für Debatten gesorgt: Erstens, ist

---

86 Vor einem Vierteljahrhundert fasste IKRK-Vertreter Jean Pictet diese Haltung folgendermaßen zusammen: „Wie ein Schwimmer bewegt sich das IKRK bis zum Hals im Politischen. Aber ebenso wie der Schwimmer, der nur dann nicht ertrinkt, wenn er sich im Wasser vorwärtsbewegt, ohne Wasser zu schlucken, so muss das IKRK das Politische in seine Überlegungen einbeziehen, ohne Teil des Politischen zu werden" (Pictet, 1979, S. 56; Übersetzung d.V.).

politische Zurückhaltung tatsächlich eine Vorbedingung für humanitäres Wirken? Und zweitens, ist die humanitäre Wirkung „puristischer" Hilfsaktionen tatsächlich größer als diejenige von politisch orientierten Programmen?

Politische Zurückhaltung – unabdingbar?

Mit dem Ende des Kalten Krieges begann sich die Arbeitssituation der humanitären Helfer im Feld drastisch zu verändern: Zunehmend wurden Hilfswerksmitarbeiter Opfer von Schikanen, Überfällen, Entführungen; kaum eine Organisation konnte darauf verzichten, in einigen Krisenregionen mit Sicherheitsleuten zusammenzuarbeiten, Lagerhäuser beschützen zu lassen oder aber – der Bedrohungslage wegen – den Rückzug anzutreten. Der Anschlag auf die IKRK-Büros in Bagdad vom Herbst 2003, bei dem mehrere Dutzend Menschen getötet und Hunderte verletzt wurden, stellt den bisherigen Endpunkt dieser Eskalation der Gewalt gegen humanitäre Akteure dar (Spillmann, 2003).

Angesichts dieser Entwicklung mögen nicht mehr alle humanitären Akteure an die Wirksamkeit politischer Enthaltung glauben. Für sie platzte spätestens am 27. Oktober 2003 der klassische humanitäre Deal: Trotz jahrzehntelanger Präsenz vor Ort, trotz diplomatischer Unabhängigkeit, trotz strikter Neutralität und Unparteilichkeit wurde an diesem Tag das IKRK in Bagdad angegriffen – die neutrale, unparteiliche Hilfsorganisation schlechthin war zum Angriffsziel geworden. In den Augen vieler Hilfsorganisationen waren damit auch die „puristischen" Grundannahmen endgültig als unhaltbar entlarvt worden: In einer Zeit, in der selbst ausgesprochen neutrale, unparteiliche Helfer von Marodeuren, Warlords oder religiösen Fanatikern als „Handlanger westlicher Kreuzritter" angegriffen, als Geldquelle missbraucht oder als politisches Faustpfand verschleppt würden, sei politische Zurückhaltung offensichtlich nutzlos geworden; die selbst auferlegte Beschneidung der eigenen Handlungsmöglichkeiten könne getrost zugunsten eines New Humanitarianism aufgegeben werden.[87]

---

87 Umso mehr gelte das für humanitäre Akteure, die ihres religiösen oder nationalen Hintergrunds wegen ohnehin nicht damit rechnen könnten, von den involvierten Parteien im Krisengebiet als neutrale, unpolitische Außenstehende wahrgenommen zu werden.

Politische Zurückhaltung – sinnvoll?

Ein zweiter Kritikansatz wurzelt im Do No Harm-Reflexionsprozess, der Ende der 90er Jahre die unbeabsichtigten Nebenwirkungen, Missbräuche und Instrumentalisierungen von internationaler Hilfe ins Zentrum der fachinternen Debatte rückte.[88] Viele Missbräuche und Nebenwirkungen sind gemäß dieser Kritik gerade auf die Weigerung humanitärer Helfer zurückzuführen, sich als politische Akteure zu verstehen und Stellung zu beziehen, Bedingungen zu stellen, Forderungen zu äußern: Statt Kriege, Vertreibungen, Folter, Willkürherrschaft oder Korruption stillschweigend hinzunehmen, müssten humanitäre Akteure eine langfristige und anhaltende Veränderung der Lebensumstände der Notleidenden anstreben; dies bedinge aber, dass der Humanitarismus offen für politische Ziele wie Frieden, Freiheit, Rechtsstaatlichkeit, Demokratie, Entwicklung und Menschenrechte eintrete. Der Journalist Ed Vulliamy fasste die Kritik einmal so zusammen: „Neutral zu sein bedeutet, auf der Seite der Kriminellen zu stehen. Es gibt Momente in der Geschichte, in denen Verbrechen begangen werden, in denen Neutralität überhaupt nicht neutral ist, sondern bloße Gehilfenschaft darstellt. Ich denke, es ist an der Zeit, dass die humanitären Helfer das Gebot der Neutralität in Frage stellen" (Fox, 2001a, S. 8; Übersetzung d.V.).

Die Protagonisten des New Humanitarianism gestehen zwar ein, dass strikt apolitische Hilfe das Los vieler Opfer zu verbessern vermag; sie könne aber nie mehr als reine Symptombekämpfung sein, da sie die Ursachen der Not unangetastet lasse. Allzu oft spiele „puristische" Hilfe gar den Verursachern der Not – den Unterdrückern, Warlords und Kriegsverbrechern – in die Hand, indem sie diesen als Quelle für Ressourcen, internationale Aufmerksamkeit oder interne Legitimität diene. Humanitäre Hilfe müsse daher als Teil eines umfassenden, politischen Kampfes für Frieden, Gerechtigkeit und Entwicklung gesehen und konzipiert werden (Müller, 2000; iz3w, 2000). Ihre Akteure dürften sich nicht mehr als barmherzige Samariter vornehm aus dem dreckigen Geschäft der Politik und des Krieges heraushalten (Warner, 1999), sondern müssten im Gegenteil diese Realitäten zu verändern, die Not an den

---

88   Vgl. hierzu etwa Anderson, 1999; Borton, Brusset, Hallam, 1996; Brahimi et al., 2000.

Wurzeln zu bekämpfen suchen. Hierzu sei ein politischer, ein „neuer" Humanitarismus nötig.

2.5.3 New Humanitarianism

Der bei verschiedenen Hilfswerken feststellbare Trend, der unter dem Begriff New Humanitarianism Eingang in die Fachdiskussion gefunden hat, zeichnet sich besonders dadurch aus, dass er die traditionell scharfe Abgrenzung des Humanitären vom Politischen in Frage stellt und versucht, humanitäres Engagement als Teil eines umfassenden politischen Kampfes für bessere Lebensumstände zu konzipieren: Es ist die Absage an die „puristische" Vorstellung, der humanitäre Helfer könne innerhalb eines klar abgrenzbaren „humanitären Bereichs" seiner philanthropischen Aufgabe nachkommen. Diese Vorstellung ist dem New Humanitarianism nichts als eine Illusion. Sein Leitgedanke ist: „Um moralisch zu leben, müssen wir politisch denken und handeln" (Orlie, 1997, S. 169, Übersetzung d.V.). Die Befolgung der traditionellen Unparteilichkeits- und Neutralitätsdogmen garantiere noch lange nicht, dass der humanitäre Akteur im besten Interesse der Notleidenden handle; dies lasse sich nur sicherstellen, indem der Helfer seine Aktionen auf eine langfristige, nachhaltige Verbesserung der Lebensumstände der Notleidenden ausrichte: „Ein neuer Humanitarismus ist entstanden, der im Retten von Menschenleben nicht seine alles überragende, prophetische Zweckbestimmung sieht, sondern seine Aktionen (oder Unterlassungen) danach ausrichtet, ob die Eingriffe – gemessen an weitergehenden Entwicklungszielen – gute oder schlechte Konsequenzen haben" (Rieff, 2002; Übersetzung d.V.).

Humanitäres Engagement müsse nicht mehr nur der Notlinderung verpflichtet sein, sondern auch politische Ziele verfolgen – Ziele wie etwa die

- Beendigung bewaffneter Konflikte bzw. Verbesserung der Sicherheitslage;

- Verbesserung der Menschenrechtssituation und Stärkung des Rechts;

- Stärkung von Good Governance-Prinzipien;

- Demokratisierung der Gesellschaft und Stärkung egalitärer Elemente;

- Verringerung der ökologischen Krisenanfälligkeit einer Gesellschaft;

- anhaltende Verbesserung der ökonomischen Situation der Betroffenen.

Dieser programmatische Perspektivenwechsel hinterlässt in der humanitären Praxis seine Spuren:

Eingeschränkte Hilfe wegen Do No Harm-Erwägungen

Als sich 1994 abzeichnete, dass die in die ostkongolesischen Flüchtlingslager gelieferten Hilfsressourcen ruandischen Mörderbanden ermöglichten, sich zu reorganisieren und ihre Machtbasis zu festigen, entschlossen sich einige humanitäre Organisationen, ihr Hilfsengagement zu suspendieren: Die Gefahr, mit den Hilfslieferungen Kriegsverbrecher zu unterstützen, den Krieg anzuheizen und somit zu einer Perpetuierung der Not beizutragen, sei zu groß, argumentierten sie. Statt kurzfristige Notlinderung zu betreiben, müssten die Hilfswerke abziehen und so den Mörderbanden die Existenzgrundlage entziehen.[89]

Speaking Out bei Menschenrechtsverletzungen

Der eingangs erwähnte Exodus der Hilfswerke aus Afghanistan zeigt eine weitere Veränderung auf: Mit ihrer kategorischen Ablehnung der menschenverachtenden Forderungen der Taliban entschieden sich die Organisationen, dem Kampf für Menschenrechte Priorität einzuräumen und die klassische Aufgabe der Notlinderung für den Moment hintanzustellen. Diese Wertung ist symptomatisch: Das „puristische" Grundprinzip der politischen Enthaltung verliert für viele humanitäre Akteure an Überzeugungskraft und wird – als handlungsleitendes Credo – mehr und mehr vom Engagement für Menschenrechte abgelöst. Die Strategie des IKRK, den Zugang zu den Notleidenden sicherzustellen, indem Menschenrechts- und Völkerrechtsverstöße grundsätzlich nicht öffentlich gemacht, ja selbst vor Kriegsverbrecher-Tribunalen nicht bezeugt werden, ist für viele nicht mehr zeitgemäß. Denn längst sind viele humanitäre Akteure dazu übergangen, Menschenrechtsverstöße offen an-

---

89   Vgl. hierzu etwa Barfod, 2000; Leader, 2000; Leader, Macrae, 2000; Terry, 2002.

zuprangern, Zeugnis abzulegen und offensiv gegen Folterer, Kriegsverbrecher etc. anzukämpfen – auch auf die Gefahr hin, von diesen ausgewiesen und am Helfen gehindert zu werden. Stellvertretend für viele kommentierte MSF-Präsident Phillipe Biberson einmal bitter: „Wir sind nicht sicher, ob öffentliches Anprangern immer Leben rettet; wir sind aber sicher, dass Schweigen tötet" (Fox, 2000, S. 9).

Entwicklungsausrichtung von Hilfsprogrammen

Viele humanitäre Akteure verfolgen neben Notlinderung und Menschenrechtsarbeit als weiteres Ziel die nachhaltige Verbesserung der Lebensgrundlagen, die Förderung menschlicher Entwicklung: Mit sorgfältigen Programmdesigns werden bereits in der Nothilfe- und Wiederaufbauphase Entwicklungsakzente gesetzt, um – zum Beispiel durch die Ankurbelung der Subsistenzwirtschaft – die lokale Bevölkerung ökonomisch langfristig zu stärken. Dabei wird die Grenze zwischen humanitärem Engagement und Entwicklungszusammenarbeit bewusst verwischt, das Ziel der unmittelbaren Notlinderung vom Ziel des Fortschritts überlagert.

Offenheit gegenüber „humanitären Militärinterventionen"

Die Bereitschaft humanitärer Organisationen, Militärinterventionen zum Schutz von bedrohten Menschen gutzuheißen oder gar derartige Militäreinsätze zu fordern, ist im letzten Jahrzehnt stark gewachsen. Hatten noch bis in die 90er Jahre viele humanitäre Akteure auf einer strikten Abgrenzung des Humanitären vom Politischen beharrt und sich einer Stellungnahme zu Fragen politisch-militärischer Natur enthalten, so gibt es heute kaum eine Organisation, die nicht im einen oder anderen Krisenfall den Einsatz von Interventionstruppen ausdrücklich begrüßt hätte (Bettati, 1996).

Kohärenz von politischen und humanitären Bestrebungen

Am deutlichsten zeigt sich die Offenheit gegenüber dem Politischen aber in der „Kohärenz"-Forderung, die Eingang in viele Grundsatzreden und Positionsbezüge humanitärer Akteure gefunden hat: Hätte der Ruf nach einem „kohärenten" Vorgehen von politischen und humanitären Akteuren vor ein paar Jahren noch Befremden und Abgrenzungsbestrebungen seitens der Humanitären ausgelöst, scheint diese Forderung mittlerweile zur Binsenwahrheit geworden zu sein. Nicht nur Regierungskreise,[90] sondern auch humanitäre Akteure gehen heutzutage davon aus, dass komplexen humanitären Krisen nur mit einem konzertierten Vorgehen von außen- und friedenspolitischen, wirtschaftlichen, rechtlichen und humanitären Bestrebungen begegnet werden könne.[91] Gerade die Ruanda/Kivu-Krise (Eriksson, 1996) habe deutlich gemacht, dass humanitäres Engagement nur dann wirkungs- und sinnvoll sei, wenn humanitäre, politische und – wenn nötig – militärische Akteure am selben Strick zögen; daher müsse eine Abstimmung der verschiedenen Aktivitäten erfolgen. Die „puristische" Sicht, nach der humanitäre Helfer einzig unmittelbare Not lindern und die Bekämpfung der Krisen-Ursachen den Politikern, Diplomaten, Militärs, Friedens- und Menschenrechtsaktivisten überlassen sollten, hat für viele Helfer an Attraktivität eingebüßt. Einige Akteure sind sogar bereit, ihre Hilfskapazitäten strategisch einzusetzen und zum Beispiel durch das Zurückhalten von Hilfe (zum Beispiel Sierra Leone 1997) oder durch selektive Hilfsverteilung (zum Beispiel Sudan 1998, Jugoslawien 1999) einen Beitrag zur Erreichung der politischen Ziele – Frieden, Good Governance, Menschenrechte etc. – zu leisten.[92]

2.5.4 Kritik am New Humanitarianism

Die vom New Humanitarianism vorgenommene Neuausrichtung stößt unter den Hilfsorganisationen aber nicht nur auf wohlwollende Aufnahme; gerade das Dienstbarmachen humanitärer Hilfe für politische Ziele provoziert heftige Kritik: Wer die Trennlinie zwischen humanitärer und politischer Sphäre verwische, mache das humanitäre Unterfangen zum

---

90   Vgl. hierzu etwa den aktuellen Schweizer UNO-Botschafter Peter Maurer in Vanoni, 2004; oder Brahimi et al., 2000.
91   David Rieff (2002, S. 288-294) weist in diesem Zusammenhang auf Aussagen der Oxfam-Verantwortlichen Nicholas Stockton und David Bryer oder des ehemaligen MSF-Chefs Bernard Kouchner hin.
92   Vgl. hierzu Macrae, Leader, 2000; Fox, 2000, S. 25-29; HDC, 2003, S. 9-18.

Spielball der Politik. Zwar sei es wichtig, dass sich humanitäre Akteure der Folgen ihres Tuns bewusst würden, negative Konsequenzen vermieden und mit ihrer Arbeit zur langfristigen Verbesserung der Lebensumstände der Notleidenden beizutragen suchten. Indem der New Humanitarianism aber Menschenrechts-, Entwicklungs- und Good Governance-Erwägungen in den Vordergrund stelle, lade er die humanitäre Hilfe politisch auf und ermögliche damit politischen Akteuren, das humanitäre Feld für sich in Beschlag zu nehmen, zu instrumentalisieren und zur Erreichung der eigenen Ziele zu missbrauchen. So habe zum Beispiel der New Humanitarianism-Diskurs der britischen Regierung und der UNO 1997 in Sierra Leone erlaubt, ihre außenpolitisch motivierte Embargo-Politik gegen die Militärjunta in Gonakri humanitär zu verbrämen. Friedens- und Menschenrechtserwägungen seien vorgeschoben worden, um zu kaschieren, dass „das Zurückhalten humanitärer Hilfe als Mittel gebraucht wurde, um das politische Ziel eines Regimewechsels herbeizuführen" (HDC, 2003, S. 10, Übersetzung d.V.).

Noch folgenschwerer sei jedoch, dass der New Humanitarianism den Neutralitäts- und Unparteilichkeitsanspruch der Helfer zur Farce verkommen lasse und dadurch langfristig humanitäre Hilfe unmöglich mache. Nur wenn sich alle involvierten gesellschaftlichen Gruppen darauf verlassen könnten, dass Hilfsorganisationen ausschließlich humanitäre Absichten verfolgten, dürften letztere hoffen, im Feld auf Akzeptanz und Wohlwollen zu stoßen. Verfolge humanitäres Engagement aber auch politische Ziele, werde aus dem neutralen Helfer ein politischer Störenfried, den es loszuwerden gelte: „Hilfsagenturen dürfen keine Immunität, keinen ‚humanitären Spielraum' erwarten, wenn sie dazu tendieren, sich mit der einen oder anderen Gruppe zu solidarisieren" (Slim, 1997, Übersetzung d.V.).

Doch nicht nur aus diesem Grund sind viele humanitäre Akteure der Meinung, eine Rückbesinnung auf die Ideale von Neutralität und Unparteilichkeit tue Not. Gerade die Grundprämisse des New Humanitarianism, mitunter müsse auf humanitäre Hilfe verzichtet werden, um eine langfristige, tiefergreifende Verbesserung der Lebensumstände herbeiführen zu können, provoziert Widerspruch. So erklärt das renommierte Genfer Centre for Humanitarian Dialogue unverblümt: „Viele humanitäre Akteure haben sich aus der unmittelbaren Überlebenshilfe zurückgezogen und sich langfristigen Entwicklungsaufgaben zugewandt – teils um damit das Bild zu vermitteln, man kümmere sich um die politi-

sche Zielsetzung der Friedensförderung, teils um jedes Risiko zu vermeiden, Schaden anzurichten und dabei gesehen zu werden. Folge dieser Entwicklung ist, dass Menschen ihr Leben verlieren" (HDC, 2003,
S. 21; Übersetzung d.V.).

Die Tendenz, in Krisensituationen nur dann Hilfe zu leisten, wenn aus
Do No Harm-Sicht kein Risiko besteht, keine Konflikte geschürt, keine
Kriegsparteien alimentiert, keine menschenverachtenden Regime ge-
stützt werden, mache Zehntausende Notleidender zu undeserving
victims, die im Namen hehrer Ziele von Hilfeleistungen ausgeschlossen
würden. Diese Abkehr von den humanitären Prinzipien zeuge von einem
menschenverachtenden Zynismus, der einer gerechteren, friedlicheren
Zukunft willen im Hier und Jetzt den Tod von Menschen in Kauf nehme
– unschuldigen Menschen notabene: Nur wenige der „unwerten Opfer",
die von der Suspendierung humanitärer Hilfe betroffen seien, hätten
selbst Menschenrechtsverletzungen oder Kriegsverbrechen begangen;[93]
umso stoßender sei ihre „Bestrafung" im Namen von Friedens- oder
Menschenrechtsbedenken. Kofi Annan kommentierte einmal treffend:
„Wir können doch nicht Kinder für das bestrafen, was ihre Staatschefs
getan haben" (Rosenthal, 2000, Übersetzung d.V.). Doch selbst wenn
ausschließlich Kriegstreiber, Folterer und Verbrecher von der Hilfe ausgeschlossen würden – in den Augen vieler Kritiker verstieße die Konditionalisierungspraxis des New Humanitarianism trotzdem gegen die
Genfer Konventionen und grundlegenden Rechtsprinzipien: „Humanitäre Hilfe alleine aufgrund der Tatsache zurückzuhalten, dass die Hilfsbedürftigen Kriminelle sein könnten, ist willkürliche Bestrafung ohne Ge-
richtsverhandlung – es ist grausame, unmenschliche oder erniedrigende
Behandlung, ein Verbrechen gegen die Menschlichkeit" (Fox, 2000, S.
18; Übersetzung d.V.).

Helfer werden in diesem Sinne zu Richtern, die aufgrund politischer Erwägungen über Leben und Tod von Notleidenden zu entscheiden haben

---

93 Indem die Hilfe vom Verhalten von Regierungen, Warlords etc. abhängig
gemacht werde, werde diesen Akteuren eine Art Veto-Recht eingeräumt und
indirekt der Entscheid übertragen, ob Hilfe geleistet werden solle oder nicht. In
diesem Sinne hat die Konditionalisierungspraxis des New Humanitarianism in
den Augen seiner Kritiker einerseits einen Macht- oder Kontrollverlust seitens
der Hilfswerke, andererseits einen Machtzuwachs seitens der Warlords und
Kriegsverbrecher zur Folge.

– eine Aufgabe, die von humanitären Organisationen weder wahrgenommen werden könne noch dürfe, meinen Kritiker. Zum einen sei selten eindeutig festzustellen, ob Hilfe im Hier und Jetzt einer krisengeschüttelten Gesellschaft langfristig schade oder doch eher nütze; die Frage nach der „verantwortungsvollsten", „besten" (Nicht-)Handlung bleibe immer umstritten. Zum anderen seien humanitäre Helfer nicht legitimiert, Notleidenden willentlich Hilfe vorzuenthalten, auch wenn diese Hilfsverweigerung aus hehren Gründen passiere: Hilfsorganisationen unterstünden weder rechtlicher noch demokratischer Kontrolle, im Gegensatz zu Richtern und Regierenden basiere die Entscheidungsmacht der New Humanitarians nicht auf dem Willen jener, die von den Entscheidungen betroffen sind – die Notleidenden zumindest hätten die Helfer nicht ermächtigt, über ihr Leben zu verfügen. Aus der Perspektive der Kriegsopfer müsse sich der New Humanitarianism daher wohl eher als neue Form kolonialistischer Überheblichkeit denn als „verantwortungsbewusste Hilfspraxis" ausnehmen: „Während die alten Kolonialisten noch von ihrer zivilisatorischen Mission sprachen, reden die New Humanitarians heute von der Durchsetzung von Menschenrechten und von Ethik" (Fox, 2000, S. 21, Übersetzung d.V.).

2.5.5 Gratwanderung

Es ist offensichtlich: Die programmatische Verschiebung, die im letzten Jahrzehnt das humanitäre Feld verändert und Themen wie Do No Harm, Menschenrechte, Good Governance, Entwicklung und Nachhaltigkeit ins Zentrum der Aufmerksamkeit gerückt hat, scheidet die Geister: Soll sich die humanitäre Bewegung wie früher darauf konzentrieren, Not im Moment zu lindern, und die Ursachenbekämpfung politischen Akteuren überlassen? Oder sollen und dürfen humanitäre Organisationen eine nachhaltige politische Veränderung der betroffenen Gesellschaft anstreben, indem sie Menschenrechts-, Entwicklungs-, Good Governance- und Friedensbemühungen in ihre humanitären Aktivitäten integrieren? Einfache Antworten auf diese Fragen lassen sich nicht finden, dies zeigt die seit den 90er Jahren anhaltende Kontroverse. Wer sich nicht a priori für „puristische", apolitische Hilfe entscheidet, dem geraten die verschiedenen Absichten und Ziele oftmals in Konflikt miteinander, der bringt die verschiedenen Bestrebungen nicht immer unter einen Hut. Humanitäre Akteure, die auch politisch handeln wollen, sehen sich daher immer wieder mit der Frage konfrontiert, welchen Weg sie einschlagen, welchen Schaden sie vermeiden und welchen in Kauf nehmen, welche Regeln sie einhalten und welche verletzen wollen. In diesem Sinne befinden sie sich auf einer steten Gratwanderung zwischen Notlinderung und Ursachenbekämpfung, zwischen Wohltätigkeit und politischem Engagement.

2.6 Medien, Politik und gerechte Verteilung

Einige Stunden zuvor hatten sich nur die nächsten Angehörigen und die Spitalärzte für ihr Schicksal interessiert, nun aber waren die Augen der gesamten westlichen Öffentlichkeit auf sie gerichtet: Irma Hadzimuratovic, fünfjährig, ein Mädchen aus Sarajewo.

Am 30. Juli 1993 war Irma bei einem der zahlreichen Heckenschützen-, Granatwerfer- und Raketen-Angriffe schwer verwundet, ins Spital verbracht und dort während einer Woche notdürftig medizinisch versorgt worden. Das Schrapnell in ihrer Wirbelsäule konnten die Ärzte jedoch nicht entfernen – die mangelhafte Ausrüstung des vom Krieg arg mitgenommenen Spitals ließ eine heikle Wirbelsäulen-Operation nicht zu. Nach acht Tagen ohnmächtigen Wartens beschloss der behandelnde Spitalarzt, das Schicksal der kleinen Irma öffentlich zu machen. Ein BBC-Fernseh-Korrespondent war bereit, einen kurzen Bericht zu drehen und an die Zentrale in London zu schicken. Dort provozierte der Kurzbericht wider Erwarten ein großes Echo – innerhalb von Stunden wurde Irma ins Zentrum der weltweiten Aufmerksamkeit katapultiert: Dem kurzen TV-Bericht sollten Dutzende von Radiobeiträgen, langen Zeitungsberichten und ausführlichen Fernsehdokumentationen folgen. Eine mediale Lawine war losgetreten und „Irma" zum Thema geworden.

Gerade die britische Regierung bekam dies zu spüren: In unzähligen Anrufen wurde sie von aufgebrachten Bürgern zum Handeln aufgefordert, worauf sie denn auch prompt reagierte: Am 15. August wurde Irma gemeinsam mit 20 anderen Verletzten an Bord einer britischen Militärmaschine aus Sarajewo ausgeflogen. Die bereits erstellte Evakuationsliste des UNHCR mit den Namen von 400 dringend evakuationsbedürftigen Notfallpatienten wurde dabei umgangen: Gegen den

97

Widerstand des UNHCR setzte ein britischer Militärarzt die Namen von Irma und weiteren Kindern, die vom UNHCR nicht alle als dringend evakuationsbedürftig eingestuft worden waren, zuoberst auf die Liste. Der lokale UNHCR-Verantwortliche kommentierte lakonisch, offenbar habe der britische Militärarzt nicht seinem eigenen fachlichen Urteil vertrauen dürfen, sondern der öffentlichen Meinung entsprechen müssen.[94]

Die viel beschworene und oft kritisierte Macht der Medien tritt nur selten derart krass zu Tage wie bei „Irma". Nur selten vermögen Zeitungsberichte, TV-Bilder oder Radio-Sendungen eine solche Wirkung zu entfalten. Trotzdem, die Medien spielen in jedem Krieg, in jeder Katastrophensituation eine wichtige Rolle. In jeder humanitären Krise sind Journalisten auf die eine oder andere Weise involviert. Einige Beispiele:

- *Medien schlagen Alarm.* Als Whistle Blower machen sie das breite Publikum und politische Eliten auf Krisen aufmerksam, die drohen, vergessen oder verdrängt zu werden.

- *Medien klären über die Hintergründe von Krisen auf.* Indem sie über die Verstrickungen, Gründe und Absichten der involvierten Parteien informieren, erstellen sie das Fundament, auf dem sich die Bürger ein Urteil über die Geschehnisse machen können.

- *Medien verbreiten Propaganda oder kollaborieren durch Stillhalten.* Manchmal dienen sie nicht der Aufklärung, sondern sind Instrumente der Verschleierung und Manipulation, indem sie Informationen gezielt verzerren oder verschweigen.

- *Medien einen und entzweien Bevölkerungsgruppen.* Medienakteure nehmen in Konfliktsituationen oft eine einende bzw. eine aus- und abgrenzende Funktion wahr. Gerade wenn das eigene Land in einen Krieg verwickelt ist, können Medien dazu genutzt werden, Gruppenbildungsprozesse anzustoßen.

- *Medien bauen politischen Druck auf.* Indem sie Entwicklungen oder Zustände in einer Region aufzeigen, können sie Regierungen, internationale Organisationen oder humanitäre Akteure dazu zwin-

---

94 Vgl. hierzu Gowing, 1994, S. 57-59; Minear, Scott, Weiss, 1996, S. 58-59.

gen, mit Hilfskonvois, Truppen oder Diplomaten in Krisengebieten tätig zu werden.

- *Medien wecken Emotionen und mobilisieren die Öffentlichkeit.* Ihre Berichte aus Kriegs- oder Katastrophengebieten wecken bei den Medienkonsumenten oft starke Gefühle wie Mitleid, Wut oder Ohnmacht – häufig verbunden mit dem Wunsch, die in den Medien gesehene Not zum Beispiel mittels der Unterstützung humanitärer Aktionen zu lindern.

- *Medien überprüfen und kritisieren die Arbeit der Akteure im Feld.* Als „vierte Macht" im Staat haben sie ein wachsames Auge auf das Gebaren von Politikern, Diplomaten oder Soldaten. Die Angst vor „herumschnüffelnden" Journalisten bzw. das Wissen um die Folgen negativer Schlagzeilen führt bei den involvierten Akteuren zu einer Selbstdisziplinierung.

2.6.1 Die Bedeutung der Medien für die Hilfswerke

Medien sind also niemals nur unbeteiligte, abseits stehende Beobachter von humanitären Krisen. Vielmehr sind sie wichtige Akteure, die mit ihren – mitunter von eigenen Unternehmensinteressen geleiteten – Berichten Einfluss auf die anderen Players nehmen, als selbsternannte Richter die Schuld für eine humanitäre Krise einzelnen Akteuren zuweisen, die Gestalt des humanitären Feldes mitprägen. Gerade auch für private Hilfsorganisationen sind die Medien ein wichtiger Faktor, der bei der Planung und Durchführung von Hilfsprogrammen stets beachtet werden muss.[95] Dies vor allem aus drei Gründen:

Erstens sind die Medien das wachsame Auge der Öffentlichkeit, das die Arbeit der Hilfswerke kritisch begutachtet, bewertet und auf diesem Wege die öffentliche Wahrnehmung prägt. Will eine humanitäre Organisation auf die Unterstützung der Öffentlichkeit, auf die Spender und institutionellen Geldgeber zählen, so tut sie gut daran, die Meinung der Medien ernst zu nehmen und bei der Gestaltung der eigenen Hilfsprogramme zu berücksichtigen.[96]

---

95 Vgl. hierzu Minear, Scott, Weiss, 1996; Rotberg, Weiss, 1996; Ignatieff, 1998; Ross, 2004; Olsen, Carstensen, Hoyen, 2003.

Zweitens sind die Medien ein wichtiges Schaufenster, in dem sich die Organisationen präsentieren, auf ihre Aktionen aufmerksam machen und die Qualität ihres Wirkens aufzeigen können. Nur wenn es ihnen gelingt, dieses mediale Präsentationsforum hin und wieder zu nutzen, finden Hilfswerke in der Öffentlichkeit jene Beachtung und Anerkennung, die für spendensammelnde Organisationen unabdingbar ist. Allerdings sind es selten die Hilfsaktionen selbst, die das Interesse der Medien wecken und Journalisten in ein Kriegs- oder Katastrophengebiet locken. Vielmehr werden Journalisten und Medienkonsumenten erst auf Hilfsaktivitäten aufmerksam, wenn der Krieg, die Katastrophe bereits Thema ist. Mit anderen Worten: Hilfsaktionen interessieren meistens nur dann, wenn sie in einem „interessanten" Krisengebiet stattfinden. Haben sich Nachrichtenredaktionen einmal entschlossen, einen Krieg oder eine Katastrophe in ihrem Medium zum Thema zu machen, dann gehören Berichte über Landsleute, die den Hungernden, Kriegsversehrten oder Verschütteten zu Hilfe eilen, zweifellos zum Pflichtstoff jedes Korrespondenten; liegt die Krisenregion jedoch außerhalb ihres Interessensgebietes, werden die Hilfsaktivitäten humanitärer Organisationen kaum einen Journalisten in die mediale Peripherie locken. Dies hat Folgen für die Hilfswerke. Wer seine Hilfsaktivitäten im „Schaufenster Medien" präsentieren will, muss in Krisengebieten tätig werden, die von den Medien bereits stark beachtet werden – in den medialen Hot Spots, auf die bereits alle Kameras und Mikrophone gerichtet sind. Humanitäres Handeln in unbeachteten, sogenannt „vergessenen" Krisen hingegen kann noch so eindrücklich sein – mediale Aufmerksamkeit wird ihm kaum zuteil.[97]

Drittens schließlich sind die Medien ein wichtiger Faktor beim politischen Agenda Setting: In Wechselwirkung mit Regierungs- und Verwaltungsgremien, UN-Organen, Parteien, Militärstäben oder privaten Pressure Groups bestimmen die Medien mit, welche Weltregionen und Geschehnisse, welche Katastrophen und Konflikte für die politischen

---

96 Dieser Rechenschafts- und Kontrollaspekt der Medien-Hilfswerk-Beziehung wird im folgenden Kapitel eingehend beleuchtet.
97 In seltenen Fällen aber gelingt es Hilfsorganisationen, Medien auf eine Katastrophe aufmerksam zu machen. So waren es Hilfswerke, die den medialen Blick auf das humanitäre Drama in Darfur/Sudan lenkten und so eine erhebliche Hilfsbereitschaft in der Öffentlichkeit auslösten.

Verantwortungsträger und damit auch für die Medienkonsumenten und Staatsbürger zum Thema werden (Beham, 1996). In ihren Berichten, Bildern und Kommentaren werfen Journalisten Schlaglichter auf die „Welt da draußen" und entscheiden dadurch mit, welche Gebiete und Ereignisse ins Rampenlicht gezerrt, welche Konflikte und humanitären Krisen auf die politische Agenda gesetzt werden – und welche nicht. Dabei machen folgende Faktoren eine Krise zur „interessanten" Krise:

- *Auswirkungen:* Hat eine Krise Auswirkungen auf den Alltag der Medienkonsumenten?

- *Involviertheit:* Sind Landsleute in irgendeiner Weise involviert, zählen sie gar zu den Opfern? Oder ist der eigene Staat zum Beispiel als ehemalige Kolonialmacht, als Geldgeber oder Militärakteur in der Krise involviert?

- *Nähe:* Passiert der Krieg oder die Katastrophe in einer vertrauten Umgebung, zum Beispiel in einer Urlaubsdestination? Gibt es Beziehungen zur betroffenen Bevölkerung, zum Beispiel via Arbeitsmigration? Oder ist schon etwas Ähnliches in der näheren Umgebung vorgefallen?

- *Emotionalität:* Weckt ein besonderer Vorfall Gefühle wie Mitleid, Hass oder Entsetzen? Gibt es eine emotionale Verbundenheit mit dem Schicksal der Betroffenen?

- *Neuheitswert:* Fällt eine Begebenheit aus dem Rahmen? Vermag ein Ereignis in der Krisenregion zu überraschen oder zu erschrecken?

- *Erreichbarkeit:* Ereignet sich die News in der Nähe eines Korrespondentenbüros? Ist die Reise dorthin für die Journalisten mühsam und aufwendig? Ist der Zugang überhaupt gestattet oder stellen sich den Journalisten irgendwelche involvierten Parteien in den Weg?

- *Manpower:* Verfügen die Medienhäuser über Journalisten, welche die Ereignisse verstehen, einordnen, bewerten und den Medienkonsumenten erklären können? Können sich die verfügbaren Journalisten einen Reim auf das Geschehene machen?

- *Darstellbarkeit:* Lässt sich die News medial darstellen? Kann die Komplexität einer Entwicklung derart stark heruntergebrochen werden, dass sie sich – etwa innerhalb eines einminütigen Radiobeitrags

101

– sinnvoll vermitteln lässt? Kann die Nachricht in eingängige Bilder übersetzt werden?

- *Mainstream-Qualitäten:* Ist ein Ereignis in den Leitmedien – etwa den nationalen Fernsehnachrichten – präsent, so dass es für alle Medien zum „Pflichtstoff" wird?[98]

- *Persönliche Vorlieben:* Weckt eine Krise das Interesse des einzelnen Journalisten?

Für Hilfswerke sind diese Kriterien von großer Bedeutung. Denn mit ihrer „Thematisierungsmacht" kanalisieren die Medien nicht nur die Aufmerksamkeit der Politiker und Bürger, sondern lenken wohl oder übel auch die Spenden- und Beitragsflüsse: Sowohl private Spender als auch institutionelle Geldgeber lassen sich bei der Vergabe von Hilfsgeldern oft von der medialen Aufmerksamkeit leiten, die den einzelnen Krisengebieten zuteil wird. Gerade spektakuläre Bilder von Katastrophen und deren Opfer können eine Sogwirkung entfalten, die in keinem Verhältnis etwa zur Wirksamkeit von Sensibilisierungskampagnen für „vergessene" Konflikte steht. Der Fall „Irma" hat diese Macht der Bilder deutlich aufgezeigt: Erst dank der eindrücklichen Medienberichte begann sich die „humanitäre Spirale" zu drehen, aus bloßen Zuschauern wurden mitfühlende, politisch aktive Bürger, die öffentlichen Druck aufbauten und ihre Regierung zwangen, die Not wahrzunehmen und – dem Wählerwillen zuliebe – Hilfsaktionen zu starten.

---

98 Die Bedeutsamkeit von sogenannten Leitmedien zeigt sich auch an anderer Stelle. So monieren unabhängige Journalisten, die in Kriegsgebieten arbeiten, die von den Hauptmedien ignoriert werden, ihre Berichte stießen bei vielen Lesern, Zusehern und Hörern auf Unglauben: Alleine die Tatsache, dass die fraglichen Krisengebiete in den Leitmedien nicht vorkommen würden, reiche aus, um bei den Medienkonsumenten Zweifel aufkommen zu lassen. An einer Tagung zum Thema Kriegsberichterstattung („Es ist Krieg, und alle schauen hin!", Paulus-Akademie, Zürich, 5. März 2004) berichtete etwa eine Journalistin, die seit Jahren als Korrespondentin in Burma/Myanmar arbeitet, ihre Berichte würden oft mit folgendem Satz abgetan: „Wenn das wahr wäre, was hier berichtet wird, dann hätte man davon doch schon lange in den Fernseh- oder Radionachrichten erfahren".

2.6.2 Grenzen des „CNN-Effekts" – Macht der Politik

Allerdings zielt die Kritik an diesem sogenannten „CNN-Effekt" oft genug an der Realität vorbei. Zwar hat die Berichterstattung der Medien – oder die Publikumsreaktion darauf – ohne Zweifel einen Einfluss auf die politische Agenda: Politiker können, da sie wieder gewählt werden wollen, die Befindlichkeiten und Anliegen der breiten Öffentlichkeit, der Kommentatoren und Berichterstatter nicht komplett ignorieren. Die „Macht der Medien" ist aber keineswegs absolut: Den politischen Verantwortungsträgern sind die Hände nicht gebunden, sie haben Gestaltungsmöglichkeiten, sie können entscheiden, werten, Prioritäten festlegen – sie haben Macht. Die letzten Jahrzehnte haben denn auch gezeigt, dass sich Regierungen, Parlamente und Verwaltungen dieser Macht sehr wohl bewusst sind: In ihrer humanitären Politik haben sich westliche Staaten immer wieder der öffentlichen Meinung widersetzt, Medienkommentare ignoriert und eigene Ziele verfolgt.[99] Dabei sind oftmals Erwägungen folgender Art im Vordergrund gestanden:

- *Bestehende Präsenz:* Spielt sich die humanitäre Krise in einem Gebiet ab, zu dem schon Verbindungen bestehen? Ist die eigene Politik, Wirtschaft, das Militär etc. bereits präsent?

- *Unbedenklichkeit:* Würde ein humanitäres Engagement in einem Krisengebiet politische Komplikationen, diplomatische Verstimmungen mit sich bringen? Widerspräche eine Hilfslieferung etwa dem Willen eines großen Players?

- *Strategische Bedeutung:* Wäre eine vermehrte Präsenz aus außenpolitischer, militärischer oder wirtschaftlicher Sicht sinnvoll? Kann mittels humanitärer Hilfe auf die Politik des Landes Einfluss genommen werden?

- *Internationale Stabilität:* Stellt die humanitäre Krise eine Gefahr für die internationale Ordnung und regionale Stabilität dar?

---

99 Wie etwa die anhaltende Untätigkeit der westlichen Politik angesichts des Hungers in Afrika zeigt, reicht selbst die jahrelange mediale Thematisierung einer Krise häufig nicht aus, um diese weit oben auf die politische Agenda zu hieven; umgekehrt hat die mediale Nichtbeachtung von Weltregionen, Krisen- und Katastrophenherden nicht zwingend zur Konsequenz, dass diese Gebiete auch von den politischen Akteuren außen vor gelassen werden.

• *Migrationsverhinderung:* Birgt die Krise die Gefahr, eine Migrationsbewegung ins eigene Land auszulösen? Würde hier ein humanitäres Engagement präventiv wirken?

Diese politischen Erwägungen zu ignorieren und Entwicklungen im humanitären Bereich alleine auf die – zweifellos wirkenden – Medien-Effekte zurückzuführen, käme einer gefährlichen Verharmlosung der Gestaltungs- und Entscheidungsmöglichkeiten der Regierungen und Verwaltungen gleich. Die politischen Verantwortungsträger haben die Möglichkeit, eigenständig Dinge an die Hand zu nehmen, Programme zu verwirklichen, Ziele anzustreben. Sie haben die Möglichkeit, sich zum Beispiel bewusst in „vergessenen" Krisengebieten zu engagieren und gerade dort Hilfsprogramme zu unterstützen – auch ohne Rückendeckung von Journalisten. Daran mag Kofi Annan zu erinnern versucht haben, als er erklärte, dass die Macht der Medien immer dann groß sei, wenn die Politik nicht selbst wisse, wohin sie steuern müsse: „Wenn Regierungen ein klares Programm haben, dann haben sie Situationen vorhergesehen, dann wissen sie, was sie wollen und wohin es gehen soll; dann haben die Medien kaum eine Wirkung. Im Gegenteil, die Regierungen steuern dann die Medien. Wenn aber die Politik auf ein Problem nicht vorbereitet ist, dann kommt es zu einer reflexartigen Reaktion. Dann muss die Politik einfach etwas tun – sonst droht ein PR-Desaster".[100]

2.6.3 Wahre Not versus wahrgenommene Not

Welche Macht- und Abhängigkeitsverhältnisse zwischen Medien und Politik auch immer existieren mögen – eines haben beide Akteursgruppen gemein: Ihre Sicht der humanitären Krise weicht in der Regel deutlich von der Perspektive humanitärer Organisationen ab. Die Frage, welche Krisenregionen besondere Aufmerksamkeit verdienen und des eigenen Engagements bedürfen, wird von Journalisten, Politikern und humanitären Akteuren unterschiedlich beantwortet: Während sich der typische Journalist fragt, ob ein Ereignis für sein Publikum von Interesse ist und sich verständlich, eindrücklich darstellen lässt, der typische Politiker eine Krise auf ihre politische, militärische oder wirtschaftliche

---

100 Zitiert in Gowing, 1994, S. 14 (Übersetzung d.V.).

Relevanz hin prüft und Interventionsmöglichkeiten im Interesse des Landes, der Partei, des Wählers etc. sucht, orientiert sich der typische humanitäre Akteur an der Frage, wo Hilfe am nötigsten ist und die vorhandenen Ressourcen am sinnvollsten eingesetzt werden können.[101]

Da Hilfswerke von privaten Spendern und institutionellen Geldgebern abhängig sind, sehen sie sich allerdings immer wieder gezwungen, die eigenen Wertungen zurückzustellen, die Sichtweise der Medien zu übernehmen und sich die Prioritätenordnung der Politiker zu eigen machen. Um es überspitzt auszudrücken: Statt ihr Engagement nach der Frage auszurichten, wo die größte Wirkung erzielt, wo am meisten Not gelindert werden könnte, sehen sich Hilfsorganisationen immer wieder gezwungen, ihre Aktivitäten nach den Mechanismen der Ressourcenakquisition, nach der Mikrophon-, Scheinwerfer- und Kamera-Dichte in den jeweiligen Krisenregionen, nach politischen Opportunitäten auszurichten. Nicht der Bedarf an sich, sondern die öffentliche Beachtung dieses Hilfsbedarfs droht so zum entscheidenden Faktor bei der Ausgestaltung der humanitären Programme zu werden. Die Folgen sind ernst: Während sich an gewissen humanitären Hot Spots die Hilfswerke drängen, bleiben andere, weniger „medientaugliche", politisch uninteressante Krisen bei der Hilfszuteilung weitgehend unbeachtet.

Zwar können sich die Hilfswerke in gewissem Maße gegen diese Konzentrationsprozesse und Marktzwänge wehren, Informations- und Sensibilisierungskampagnen starten und den Schwerpunkt ihres Hilfsengagements bewusst von den Hot Spots in die von Öffentlichkeit und Politik weniger beachteten Krisenzonen verschieben. Die Spenden- und Beitragsströme lassen sich damit aber nur geringfügig umlenken – eine Diskrepanz zwischen der wahren „Geografie der Not" einerseits, der medial und politisch gelenkten „Geografie der Hilfsressourcen" ande-

---

101 Tritt etwa in einer westlichen Stadt zum ersten Mal ein Fluss über die Ufer und überschwemmt dabei einige Häuserzeilen, so werden zwar Medien und Politiker diesem Ereignis großes Gewicht beimessen, humanitäre Akteure die Überschwemmung hingegen als glimpflich verlaufende, relativ undramatische Ausnahmesituation werten. Die lang anhaltende Hungersnot hingegen, die in einer entlegenen Gegend Afrikas nach und nach Zehntausende von Menschen dahinrafft, wird den Hilfswerken wichtig erscheinen, in den westlichen Medien, Regierungsstuben und Parlamenten aber weit weniger Beachtung finden als die Überschwemmung „vor der eigenen Haustür".

rerseits bleibt bestehen. Die Zahlen sind eindeutig: Im Jahr 2000 etwa unterstützte die internationale Gemeinschaft die Kriegsopfer in Südost-Europa mit etwa 185 Dollar pro Kopf, währenddem die Hilfsbedürftigen in Somalia, Uganda, Tadschikistan, Nordkorea und Guinea-Bissau zur gleichen Zeit mit weniger als 10 US-Dollar pro Kopf auskommen mussten (Randel, German, 2002, S. 28).[102] Ähnliche Unterschiede im Jahr 2003: Während die Opfer des zweiten irakisch-amerikanischen Krieges alleine von den USA mit humanitärer Hilfe in der Höhe von 1,7 Milliarden Dollar unterstützt wurden, verhallte der Spendenaufruf des UN-Welternährungsprogramms (WFP) für 40 Millionen hungernde Menschen in 22 afrikanischen Ländern weitgehend ungehört: Selbst nach Monaten konnte das WFP statt der benötigten 1,8 Milliarden Dollar nur 800 Millionen Dollar zusammenbringen (IFRC, 2003, S. 21).

2.6.4 Gratwanderung

Diese Ungleichbehandlung der Opfer ist nicht nur ungerecht, sondern stellt auch eine Verletzung humanitärer Grundregeln dar. Denn eigentlich halten die einschlägigen Regelwerke der humanitären Zunft eine klare Antwort auf die Frage nach der gerechten Verteilung parat. Erstens: Humanitäre Hilfe sollte allen Menschen zukommen, die von existenzieller Not betroffen sind. Und zweitens: Unterschiede in der Zuteilung von Hilfe sind nur dann zulässig, wenn unterschiedliche Bedürftigkeiten seitens der Opfer diese Differenzen rechtfertigen.

Vor diesem Hintergrund wird offensichtlich, dass sich humanitäre Organisationen stets in einem moralischen Spannungsfeld bewegen: Passt ein Hilfswerk seine Aktivitäten der Prioritätenordnung der Journalisten, Politiker und Medienkonsumenten an, wird es zwar beachtet und mit Spenden und Beiträgen bedacht, muss aber immer wieder im Widerspruch zum eigenen Gerechtigkeitsanspruch bei der Verteilung der Hilfsgüter handeln. Versucht ein Hilfswerk umgekehrt, seine humanitären Aktivitäten alleine nach diesem Anspruch auszurichten, gerät es zwangsläufig in Gefahr, die öffentliche Beachtung und Unterstützung

---

102 Selbst unter Berücksichtigung der erheblichen Kaufkraftunterschiede besteht ein eklatantes Missverhältnis, zumal viele Kosten im Rahmen internationaler Hilfsprogramme vergleichbar sind: zum Beispiel Lohnkosten für Expats, internationale Hilfsgüter.

einzubüßen, nach und nach seine Lebensgrundlage zu verlieren – und seine Hilfsaktivitäten einstellen zu müssen.

Indem humanitäre Organisationen eine sorgfältige Medienarbeit betreiben, ihre Spender für die „Geografie der Not" sensibilisieren, politisches Lobbying betreiben und periphere Notsituationen mit eigenen Informationskampagnen zum Ereignis machen, kann es ihnen zwar durchaus gelingen, sich verantwortungsvoll und erfolgreich in diesem Spannungsfeld zu bewegen. Dennoch können Hilfswerke die politischen und medialen Zwänge nicht außer Acht lassen, müssen die Prioritäten staatlicher und privater Geldgeber berücksichtigen und in ihre Hilfsprogramme einfließen lassen – im Wissen um die Ungerechtigkeiten, die daraus entstehen können. Die Hilfswerke sind in diesem Sinne zur steten Gratwanderung gezwungen, müssen sich permanent entscheiden, aufgrund welcher Kriterien Hilfsprogramme ausgestaltet werden sollen, welcher Katastrophe, welchem Krieg Priorität eingeräumt, welche Bedeutung der öffentlichen Meinung, der Politik, den Medien zugestanden werden soll.

2.7 Transparenz und Rechenschaft

„Spender um Millionen betrogen" – „Aufgeblähter Verwaltungsapparat statt wirksame Hilfe vor Ort" – „Hilfsgelder versickerten in dunklen Kanälen" ...

Zwielichtige Machenschaften einzelner Hilfsorganisationen haben in den letzten Jahrzehnten immer wieder für Aufsehen gesorgt und Negativschlagzeilen provoziert, die dem Ansehen der ganzen humanitären Hilfe geschadet haben. Nicht erstaunlich daher, dass die Hilfswerke den Status von Quasi-Heiligen, die weder kontrolliert werden müssen noch kritisiert werden dürfen, längst verloren haben und heutzutage von der Öffentlichkeit mit Argusaugen beobachtet werden: Zurecht ziehen private Spender und institutionelle Geldgeber die von ihnen begünstigten Organisationen zur Rechenschaft und verlangen, die Verwendung ihrer Spenden- und Beitragsgelder überprüfen oder gar selbst bestimmen zu können.

Die Hilfswerke haben früh schon auf diese gesteigerten Kontroll- und Transparenzforderungen reagiert und vielfältige Selbstregulierungs- und

107

Reformvorhaben eingeleitet: Mit der Durchsetzung von strengen Handlungsleitlinien, der Ausarbeitung von Verhaltenskodizes, der Offenlegung von Geldflüssen und institutionellen Abläufen, der Einrichtung von Selbstkontroll- und Zertifizierungsorganen oder der Möglichkeit des zweckgebundenen, zielgerichteten Spendens bemühen sie sich seit langem, Qualitätsstandards durchzusetzen, Missbräuche zu verhindern und damit dem Vertrauen der Öffentlichkeit gerecht zu werden.

Diese Maßnahmen haben zweifellos viel Positives bewirkt – schwarze Schafe konnten entlarvt, Gaunereien verhindert, Leerläufe vermieden, Leistungsverbesserungen durchgesetzt werden. Der Ruf nach Kontrolle, Transparenz und Rechenschaft hat allerdings auch – unbeabsichtigt – negative Konsequenzen gezeitigt. Fünf Risiken seien hier herausgegriffen.

2.7.1 Stichwort Zweckbindung

Wie im vorangehenden Kapitel dargelegt, wird nicht allen Notleidenden dasselbe Mitgefühl, dieselbe Hilfe zuteil: Weder die Aufmerksamkeit der Öffentlichkeit noch das Ausmaß der Hilfsaktivitäten sind von der realen Not alleine bestimmt – andere Kriterien spielen eine ebenso wichtige Rolle bei der Zuteilung von staatlicher und nichtstaatlicher Hilfe: Ist die Krisenregion von strategischer Bedeutung für die Geberländer? Hat die Krise Ausnahmecharakter oder ist es eine „altbekannte Geschichte"? Sind die Leidtragenden Opfer von spektakulären Naturkatastrophen oder von Kriegen und Misswirtschaft?

Private Spender und institutionelle Geldgeber wollen zunehmend den Verwendungszweck ihrer Mittel selbst festlegen und bestimmen so die Aktivitäten humanitärer Organisationen mit. Dieses an sich verständliche Bedürfnis nach eigener Zweckbestimmung droht aber die augenfällige Diskrepanz zwischen der eigentlichen „Geografie der Not" und der «Geografie der Hilfsressourcen" zu verstärken. Zwar versuchen viele Hilfswerke, die Öffentlichkeit mit Sensibilisierungskampagnen gerade auch auf „vergessene Krisen" aufmerksam zu machen und mit geschickten Spendenaufrufen Mittel für Hilfsaktionen in wenig beachteten Krisenregionen zu generieren. Trotzdem: Mit der Möglichkeit des zweckgebundenen Spendens wächst das Risiko, dass sich die weltweiten Hilfsbemühungen auf einzelne, medial stark beleuchtete Krisenzonen konzentrieren, dass sich die Hilfsorganisationen kaum um die Opfer «schwieriger" oder „vergessener" Krisen kümmern können.

2.7.2 Stichwort Korruption

Eine auf den ersten Blick nahe liegende Reaktion der Geberorganisationen auf das Problem der Korruption in der Projektarbeit ist die Forderung nach einem Ausbau der administrativen Kontrollen. Das beinhaltet eine Ausweitung der Beleg- und Berichtspflicht, eine Erweiterung der Kontrollgremien, engere Vorschriften sowie nachträgliche Überprüfung der Ausschreibungsverfahren. Tatsächlich haben Kontrollverfahren ihren Wert. Die Wirkung hängt aber sehr stark vom institutionellen Umfeld des Projektes ab. So ist eine Ausweitung von Kontrollgremien dann ohne Wirkung, wenn Amtsträger zur Absicherung von Veruntreuung eine eingespielte Gruppe bilden. Mehr Kontrolle kann sogar kontraproduktiv sein, da der Kreis derjenigen größer wird, die in das Projekt eingebunden sind und die Macht haben, eine Beteiligung am „Veruntreuungsgewinn" durchzusetzen. In einem stark korrupten Umfeld ist die Geberorganisation deshalb gut beraten, wirksame Informationskanäle jenseits rein administrativer Kontrolle aufzubauen. Auslandsmitarbeiter spielen dabei eine wichtige Rolle.

Auch verschärfte Bestimmungen können die Korruption fördern, statt sie zu reduzieren. Das ist dann der Fall, wenn Vorschriften erlassen werden, die unter den Bedingungen vor Ort das Projektziel gefährden oder die dem Interesse der Partnerorganisation zuwider laufen. Wenn beispielsweise die NRO ihren Mitarbeitern keine adäquaten Gehälter zahlen kann oder ihre Verwaltungskosten nicht gedeckt sind, ist die Versuchung groß, die Ausgaben anderweitig zu decken – zum Beispiel durch Kick-Back-Vereinbarungen. Das gleiche gilt, wenn wichtige Aufgaben nicht als förderungswürdig gelten oder Zielgruppen ausgeschlossen werden, die die Partnerorganisation gerne in die Förderung aufnehmen will. Die unangemessenen Bedingungen werden in solchen Fällen häufig „flexibilisiert" – wobei die Vorgehensweise jener gleicht, die Amtsträger einsetzen, um sich persönlich zu bereichern.

Korruption wird auch dann verstärkt, wenn die Geldgeber unter hohem Druck stehen, ihre Mittel schnell „abfließen" zu lassen. Denn dann ist eine sorgfältige Auswahl, Vorbereitung und Begleitung des Projektes erschwert oder gar nicht erst möglich. Die Geber üben Druck auf ihre Partner aus, ihre Programme auszuweiten, in Regionen tätig zu werden, in denen sie keine Erfahrung haben und Personal einzustellen, dessen Verlässlichkeit nicht beurteilt werden kann. Zudem dürften moralische

Hemmungen bei den Partnerorganisationen sinken, wenn sie erfahren, dass der Förderer unter dem Zwang steht, seine Mittel schnell auszugeben.

Um Korruption zu begrenzen und die Transparenz zu vergrößern, bedarf es flexibler Bestimmungen und der Abkehr von einfachen quantitativen Planzahlkriterien. Externe Geber sollten sich nicht auf eine isolierte Projektförderung beschränken, sondern die Zusammenarbeit mit den Partnerorganisationen langfristig anlegen. Denn dann müssen die Partner in ihr Kalkül mit einbeziehen, dass Missbrauch eine langfristige Förderbeziehung gefährden kann.

2.7.3 Stichwort Verwaltungskosten

In der Öffentlichkeit wird immer wieder der Ruf nach einer stetigen Senkung der sogenannten Verwaltungskosten laut. Ohne Zweifel ist die Erwartung berechtigt, ein möglichst großer Teil der Beiträge und Spenden müsse direkt den Hilfsbedürftigen zukommen; Private und Institutionen, die humanitären Organisationen Gelder zusprechen, müssen darauf vertrauen können, dass ihre Beiträge den Notleidenden zugute kommen und nicht zur Finanzierung übergroßer Verwaltungsapparate missbraucht werden.

Der Forderung nach Verwaltungskosten-Reduktion liegt denn auch eine Logik zugrunde, die auf den ersten Blick bestechend ist: Senkt ein Hilfswerk seine Verwaltungskosten, kann es den Notleidenden mehr Hilfe zukommen lassen; fließen hingegen mehr Mittel in die Verwaltung, wird weniger Hilfe vor Ort geleistet – die Qualität der humanitären Arbeit sinkt.

Diese Sichtweise greift jedoch zu kurz: Verwaltungsausgaben sind in aller Regel nicht „hinausgeworfenes Geld", das den Notleidenden vorenthalten wird. Im Gegenteil. Die meisten der gemeinhin unter dem irreführenden Titel „Verwaltungskosten" zusammengefassten Arbeiten kommen schließlich auch den Notleidenden in den Krisenregionen zugute: Projektplanung, Qualitätsmanagement, Controlling und Mitarbeiter-Weiterbildung, aber auch Grundlagenforschung und Strategieentwicklung – all diese Maßnahmen sorgen dafür, dass die humanitäre Hilfe im Feld wirkungsvoller wird, das heißt den Bedürfnissen besser angepasst, nachhaltiger und kluger gestaltet wird. Zwar absorbieren derartige Aufgaben einen (kleinen) Teil[103] der vorhandenen Ressourcen;

gleichzeitig stellen sie aber sicher, dass die übrigen Mittel effizient und verantwortungsvoll eingesetzt werden.

Die pauschale Forderung nach Verwaltungskosten-Reduktionen ist somit nicht frei von Risiken: Können Hilfswerke die genannten Qualitätssicherungsaufgaben nicht mehr befriedigend wahrnehmen, da sie sich gezwungen sehen, der Öffentlichkeit ihre Integrität durch Verwaltungskosten-Senkungen zu „beweisen", so führt dies nicht immer zu einer Steigerung, sondern allzu oft zu einer Verminderung der humanitären Wirkung ihrer Arbeit.

2.7.4 Stichwort Erfolgsnachweis

Nicht minder unerwartete Konsequenzen hat das – zweifellos berechtigte – Bedürfnis privater Spender und institutioneller Geldgeber, die Verwendung ihrer Gelder in den Rechenschaftsberichten der Hilfswerke transparent und kontrollierbar ausgewiesen zu finden. Die Notwendigkeit, der Öffentlichkeit möglichst griffige Informationen präsentieren zu können, zwingt die humanitären Organisationen, ihre Aktionen immer auch unter dem Gesichtspunkt der Überprüfbarkeit und des Wirkungsnachweises zu konzipieren: Arbeitsansätze, deren Erfolg einfach zu belegen oder gar zu messen ist, drohen daher in der Strategie- und Projektplanung der Hilfswerke konstant überwertet und jenen Ansätzen vorgezogen zu werden, deren Wirkungen unauffällig sind oder erst spät eintreten. Die Verantwortlichkeits- und Transparenzpflicht, die humanitäre Organisationen gegenüber der Öffentlichkeit empfinden, führt also in gewisser Weise zu einer systematischen „Verzerrung" der humanitären Arbeit – es kommt zu einer Ausrichtung der Hilfsaktivitäten auf das leicht Nachweisbare und Messbare.

Dies ist nicht unproblematisch. Die allenthalben als „Zahlenfetischismus" kritisierte Tendenz, Hilfsaktionen vorwiegend auf messbare Qualitäten (Umsatz, Tonnage verteilter Lebensmittel, Anzahl Zelte, Wolldecken, errichteter Häuser etc.) auszurichten, kann zu einer Vernachlässigung „weicher" Kriterien führen. Fragen folgender Art drohen unterbewertet zu werden: Sind die Zielgruppen, die von Not betroffen

---

103 So wies etwa Caritas international in den vergangenen Jahren einen Verwaltungskostenanteil von rund acht Prozent aus. Das heißt, 92 Cent von jedem Euro kommen direkt den Opfern zugute.

Menschen, in das Projekt miteinbezogen? Kann bei ihnen ein Gefühl von Mitverantwortung entstehen? Führt das Hilfsprojekt zu nachhaltigen Verbesserungen oder sind die Veränderungen nur vorübergehender, oberflächlicher Natur? Ist die Hilfsaktion wirklich Antwort auf die Bedürfnisse der Notleidenden oder eher die Folge von Handlungsroutine und institutionellen Gewohnheiten seitens der humanitären Helfer?

Ein Beispiel: Nach dem Ende des Bosnien-Krieges Mitte der 90er Jahre starteten zahlreiche Hilfswerke Wiederaufbauprojekte in der kriegsversehrten Region und begannen, Straßen, Brunnen und Wohnhäuser wieder instand zu stellen oder neu zu erbauen. Obwohl alle Hilfswerke im Wesentlichen dasselbe Ziel verfolgten – die Notleidenden sollten ein Dach über dem Kopf erhalten –, wichen die gewählten Methoden erheblich voneinander ab. Während einige Organisationen ausländische Bauarbeiter mit schweren Maschinen auffahren ließen und innert Kürze Dutzende von industriell vorproduzierten Fertighäusern errichteten, stellten andere Organisationen Baumaterialien wie Holz oder Zement zur Verfügung und beauftragten Baufachleute, gemeinsam mit der kriegsversehrten Bevölkerung den Wiederaufbau ihrer Häuser zu planen und durchzuführen. Der gewählte Arbeitsansatz sorgte dafür, dass das Projekt den tatsächlichen Bedürfnissen der betroffenen Bevölkerung entsprach und diese ein Gefühl von Ownership[104] und Selbstverantwortung entwickeln konnte – eine Qualität, die dem erstgenannten Fertighaus-Ansatz abging. Bereits einige Monate nach Errichtung der Häuser waren viele der neuen Fertigbau-Unterkünfte verlassen oder reparaturbedürftig; die Häuser waren den Bedürfnissen der Bevölkerung zu wenig angepasst, die Leute nahmen die Bauten nie als ihr Werk wahr, ein Gefühl der Selbstverantwortung konnte nicht entstehen.

2.7.5 Stichwort Verhaltenskodizes

Auch in anderem Zusammenhang zeigt sich, dass das Streben humanitärer Organisationen nach Transparenz und Glaubwürdigkeit nicht immer unproblematisch ist. So mahnen einige Beobachter etwa, die Reg-

---

104 Ownership meint im Fachjargon die materielle und emotionale Bindung eines Begünstigten zum Projekt, die ihn dazu bringt, das Projekt und sein Ergebnis – Wohnung, Trinkwasserversorgung, Bodenerosionsmaßnahmen, Mikrokrediteinrichtung etc. – als sein eigenes anzunehmen und dafür Sorge zu tragen.

lementierungstendenz, die sich seit einigen Jahren im humanitären Feld
abzeichnet, könne dazu führen, dass gewissen Krisenregionen überhaupt keine humanitäre Hilfe mehr zukomme: Die Angst, in bestimmten
Regionen den selbst proklamierten Verhaltenskodizes nicht gerecht
werden zu können und somit unangenehmen Fragen der Öffentlichkeit
ausgesetzt zu werden, drohe Hilfswerke zu veranlassen, sich aus
„schwierigen" Krisenregionen vollständig zurückzuziehen (Brunel, Bodin, 2000). In bestimmten Gebieten seien humanitäre Helfer immer wieder gezwungen, zum Beispiel mit undemokratischen Regimes zusammenzuarbeiten, Banditen zu schmieren oder sich den „Schutz" von
menschenverachtenden Militärverbänden gefallen zu lassen. Dies wi-
derspreche zwar zweifellos allen humanitären Verhaltenskodizes, stelle
aber allzu oft die einzige Möglichkeit dar, Zugang zu den Opfern zu erhalten und humanitäre Hilfe leisten zu können. Wollten die Helfer ihren
selbstauferlegten Verhaltensregeln gerecht werden, seien sie somit gezwungen, ihr Hilfsengagement in dieser „schwierigen" Zone zu suspendieren, zu reduzieren oder gar abzubrechen.

2.7.6 Gratwanderung

Die fünf Risiken verdeutlichen, dass humanitäre Organisationen mitunter zu einer Gratwanderung gezwungen sind. Der Ruf der Öffentlichkeit
nach Transparenz, Kontrolle und Verantwortlichkeit will und soll beantwortet werden; allzu oft sind aber die Methoden, das Vertrauen der
Öffentlichkeit zu gewinnen, mit Risiken verbunden: Die humanitären
Organisationen riskieren, dass die Opfer „vergessener Konflikte" noch
stärker vernachlässigt werden (Stichwort Zweckbindung), dass Korruption durch kleinliche Vorschriften oder Mittelabflusszwänge erst recht
gefördert wird (Stichwort Korruption), dass die Wirksamkeit humanitärer Aktionen sinkt (Stichworte Verwaltungskosten und Erfolgsnach-
weis), dass „schwierigen" Krisengebieten keine Hilfe mehr zukommt
(Stichwort Verhaltenskodizes). Allzu oft müssen humanitäre Organisationen daher einen schwierigen Balanceakt zwischen Glaubwürdigkeit
und Wirksamkeit, zwischen öffentlicher Beachtung und stillem Schaffen vollführen.

3. Humanitäre Hilfe in Spannungsfeldern – eine Positionierung

Als humanitäre Akteurin bewegt sich Caritas international, das Hilfswerk der deutschen Caritas, auf einem komplexen Terrain voller Herausforderungen: Die Einsatzorte in den Krisengebieten Afrikas, Asiens, Lateinamerikas und Europas sind oft unberechenbar und gefährlich, der Respekt vor der unparteilichen Haltung der Hilfsorganisationen erodiert, die vorhandenen Ressourcen erweisen sich immer wieder als unzureichend, politische Kräfte drohen die Hilfsaktionen für eigene Zwecke zu instrumentalisieren. Um mit diesen Herausforderungen verantwortungsvoll umgehen und professionelle, wertorientierte humanitäre Hilfe leisten zu können, hat Caritas – ausgehend von ihren Erfahrungen als humanitär tätiges Hilfswerk – die vorliegende Publikation verfasst. Ausgehend von den Zielen ihres humanitären Engagements (3.1) bezieht Caritas Stellung zu den wichtigsten Spannungsfeldern der humanitären Hilfe und zeichnet das Profil ihres humanitären Engagements. Insbesondere werden die beiden Fragen verbindlich beantwortet, wann und wo Caritas humanitär tätig werden (3.2) und wie sie humanitär arbeiten soll (3.3).[105]

3.1 Drei Ziele des humanitären Engagements

Auf der Grundlage der zentralen Werte der katholischen Soziallehre – Gerechtigkeit, Menschenwürde und Solidarität – verfolgt Caritas in ihrem humanitären Handeln ein Bündel von drei Zielen. Dabei ist es nicht immer möglich, mit jedem Schritt allen näher zu kommen; das vorige

---

105 Wie andere NGOs auch, entwickelt Caritas ihr Verständnis von humanitärer Hilfe auf der Grundlage verschiedener international anerkannter Regelwerke und Dokumente, insbesondere auf der Grundlage des humanitären Völkerrechts, des Code of Conduct der humanitären Organisationen und der Standards des Sphere Project; vgl. Kap.1.

Kapitel hat gezeigt, wie viele politische, sicherheitsbedingte oder praktische Probleme ein gleichzeitiges Voranschreiten in allen Dimensionen behindern. Dennoch versucht Caritas, mit ihrem humanitären Engagement beharrlich folgende drei Ziele zu erreichen:

Not lindern: Caritas ist der Solidarität mit den Leidtragenden von Kriegen und Katastrophen verpflichtet und leistet einen Beitrag zur Linderung ihrer Not. Insbesondere setzt sie sich für diejenigen Opfer ein, die nicht im Fokus des öffentlichen Interesses stehen.

Für Frieden und Menschenrechte einstehen: Caritas international stellt sich auf die Seite der Opfer von Gewalt und Katastrophen. Sie engagiert sich in ihren humanitären Programmen für die Unantastbarkeit der Würde aller Menschen und setzt sich für Gerechtigkeit, Rechtsstaatlichkeit und Frieden ein. Je nach Interesse der Leidtragenden und in Abstimmung mir den örtlichen Caritasverbänden nimmt Caritas international öffentlich Stellung oder setzt sich hinter den Kulissen bei politischen Verantwortungsträgern und Meinungsführern für gerechte, friedliche und menschenrechtskonforme Lösungen humanitärer Krisen ein.

Entwicklung ermöglichen: Caritas international zieht auch in ihrem humanitären Engagement ein langfristiges, auf Kontinuität bedachtes Vorgehen einem kurzfristigen Aktivismus vor. Sie bettet daher ihre humanitären Sofortmaßnahmen in eine entwicklungsorientierte, nachhaltige Gesamtperspektive ein. Maßnahmen zur Prävention von Krisen, zur Stärkung der Krisenbewältigungsfähigkeiten betroffener Gesellschaften und der Aufbau zivilgesellschaftlicher Strukturen sind integraler Bestandteil des humanitären Engagements von Caritas international.

3.2 Entscheid

Mögliche und wichtige Einsatzgebiete für humanitäre Helfer gibt es viele, gerade auch abseits der medial stark beachteten Naturkatastrophen und Gewaltkonflikte, etwa in „vergessenen" Kriegen, peripheren Dürregebieten oder „ewigen" Flüchtlingslagern. Angesichts dieses großen Hilfsbedarfs und der beschränkten personellen und finanziellen Ressourcen sieht sich Caritas international daher gezwungen zu entscheiden, wo und wann sie Hilfsaktionen durchführt.

115

Eine solche Entscheidung fußt auf zwei Erwägungen. Erstens ist zu klären, ob ein humanitäres Engagement in dieser oder jener Region, in dieser oder jener Form grundsätzlich in Frage kommt. Dazu hat Caritas international notwendige Voraussetzungen definiert: Nur wenn diese gegeben sind, kommt für Caritas international ein humanitäres Engagement in Frage. Und zweitens ist zu klären, ob ein humanitäres Engagement in dieser oder jener Region, in dieser oder jener Form vordringlich und vernünftig, effizient und effektiv ist. Dazu hat Caritas international Entscheidungsfaktoren festgelegt: In ihrer Gesamtheit geben sie Auskunft darüber, ob Caritas international einem Engagement an diesem Ort, in dieser Form Priorität einräumen soll.[106]

3.2.1 Notwendige Voraussetzungen

Caritas international fühlt sich grundsätzlich verpflichtet, in einer Katastrophen- oder Konfliktsituation humanitär tätig zu werden, sofern zum Zeitpunkt des Entscheids alle folgenden Voraussetzungen erfüllt sind:

Existenzielle Not: Die Not hat ein Ausmaß angenommen, das die Betroffenen in ihrer Existenz bedroht.

Hilfsbedarf: Es gibt in der Notregion einen ausgewiesenen Hilfsbedarf, dem nicht in genügendem Maße begegnet wird.

Kompetenzen: Caritas verfügt als Institution über fachliche Kompetenzen, um dem auszumachenden Hilfsbedarf professionell und wirkungsvoll begegnen zu können.

Ressourcen: Caritas verfügt in Deutschland sowie vor Ort durch die lokalen Caritasverbände über die notwendigen finanziellen und personellen Ressourcen, um das vorgesehene Hilfsengagement zu gewährleisten, hat diese in Aussicht oder sieht realistische Chancen, solche Ressourcen zu generieren.

---

106 Dabei macht es die ereignisbedingte Dringlichkeit humanitären Arbeitens häufig nötig, auf beiden Ebenen gleichzeitig Beurteilungen anstellen und Antworten geben zu müssen. Nichtsdestotrotz ist der Entscheid über ein humanitäres Engagement prinzipiengeleitet, das heißt begründ- und nachvollziehbar.

3.2.2 Entscheidungsfaktoren

Sind die genannten Voraussetzungen erfüllt, sieht sich Caritas international grundsätzlich zu humanitärer Hilfe verpflichtet. Um möglichst effektiv und verantwortungsvoll zu arbeiten, muss Caritas international aber Prioritäten setzen und ihr Engagement konzentrieren. Folgende Faktoren sind für diese Schwerpunktsetzung von Bedeutung:

Effektivität und Effizienz: Das vorgesehene humanitäre Engagement erlaubt es Caritas international, ihre Ressourcen und Fähigkeiten effizient und besonders wirkungsvoll einzusetzen.

Unschädlichkeit: Das vorgesehene humanitäre Engagement birgt nur ein geringes Risiko, negative Nebenwirkungen zu zeitigen.

Sicherheit: Das vorgesehene humanitäre Engagement enthält für die Beteiligten nur geringe, kalkulierbare Sicherheitsrisiken, die in einem vertretbaren Verhältnis zum humanitären Nutzen des Engagements stehen.

Kontinuität: Das vorgesehene humanitäre Engagement baut auf spezifische regionale und/oder thematische Erfahrungen von Caritas international und deren Kontakte zu Partnerorganisationen auf.

Partnerschaft: Das vorgesehene humanitäre Engagement erfolgt auf Ersuchen von Partnern, die inner- oder außerhalb des internationalen Caritas-Verbundes stehen.

Erwartungen: Das vorgesehene humanitäre Engagement begegnet Erwartungen, die von Spenderinnen und Spendern, von Medien oder institutionellen Geldgebern an die Hilfswerksgemeinschaft herangetragen werden.

Keiner dieser Faktoren vermag alleine eine Entscheidung für oder gegen ein bestimmtes humanitäres Engagement herbeizuführen; in ihrer Gesamtheit zeichnen diese Faktoren aber jene Prioritätenordnung oder Schwerpunktsetzung vor, die für einen verantwortungsvollen Umgang mit den begrenzten Hilfsressourcen unabdingbar ist.

3.3 Grundsätze des humanitären Handelns

Als normative Grundlage leiten die drei genannten humanitären Zielsetzungen sowohl die operativen Aktivitäten im Feld als auch das politische Engagement von Caritas international an. Dies setzt aber voraus,
dass die abstrakten Zielsetzungen für die humanitäre Praxis greifbar gemacht, in konkrete Vorgaben übersetzt werden – nur so können sie zu
praxistauglichen Orientierungspunkten und gelebten Selbstverpflich-
tungen werden. Ausgehend von den drei Zielsetzungen formuliert Caritas international deshalb einen Katalog von konkreten Handlungsgrund-
sätzen, die das humanitäre Handeln der Caritas verbindlich regeln und
jene Kontinuität und Verlässlichkeit sicherstellen, die für eine wertorientierte, professionelle humanitäre Arbeit unerlässlich sind: Caritas international muss und will prinzipiengeleitete, auf Kontinuität basieren-
de Arbeit leisten – nur so ist sie für die Öffentlichkeit, Mitarbeiter und
Partner „berechenbar" und vertrauenswürdig.[107]
Kontinuität und Prinzipientreue können sich im humanitären Kontext
allerdings nicht in blindem Regelkonformismus erschöpfen – die politischen, moralischen und praktischen Herausforderungen des humanitären Feldes lassen sich nicht mit einfachen, apodiktischen Regelsätzen
lösen. Die Analyse der Spannungsfelder in Kapitel 2 hat es gezeigt: Immer wieder stehen humanitäre Akteure vor Dilemmata. Immer wieder
ist es ihnen unmöglich, allen Prinzipien und Werten gleichzeitig gerecht
zu werden. Immer wieder sehen sie sich gezwungen, Regeln außer Acht
zu lassen, gerade um dem Sinn und Geist ihrer Regeln nachzuleben. Immer wieder müssen sie außergewöhnliche Wege beschreiten, um ihre
humanitären Ziele zu erreichen. Caritas verschließt die Augen vor dieser Realität nicht: Wo außergewöhnliche Lösungen nötig sind, müssen
außergewöhnliche Lösungen möglich sein – im Interesse der Notleidenden.
Doch wo hört der Normalfall auf und beginnt die Ausnahmesituation?
Mit anderen Worten: Wann ist das Nichtbefolgen eines Grundsatzes be-
günd- und vertretbar, wann unannehmbar? Caritas international über-
lässt diese Frage nicht dem Ermessen des Einzelnen, sondern regelt sie

---

107 Dies nimmt nicht weg, dass Caritas als lernende Organisation ihre Ansätze
und Arbeitsprinzipien aufgrund von Lessons Learnt kontinuierlich weiterentwi-
ckelt.

verbindlich. Sie bedient sich hierzu des juristischen Prinzips der Verhältnismäßigkeit:[108] Das Abweichen von einem Handlungsgrundsatz ist für Caritas international nur dann legitim, wenn es erstens notwendig, zweitens erfolgsversprechend und drittens vertretbar ist im Sinne einer Schaden- und Nutzenabwägung.

Prinzip der Verhältnismäßigkeit

Caritas international weicht von einem Handlungsgrundsatz nur dann ab, wenn sie dies als verhältnismäßig erachtet. Die Beurteilung der Verhältnismäßigkeit umfasst drei Kriterien:

Notwendigkeit: Ein Abweichen vom Grundsatz ist unumgänglich, um das humanitäre Ziel zu erreichen; alle andere Möglichkeiten sind ausgeschöpft.

Erfolgsaussichten: Ein Abweichen vom Grundsatz macht es möglich, das humanitäre Ziel zu erreichen.

Schaden- und Nutzenabwägung: Ein Abweichen vom Grundsatz bringt wesentlich mehr Nutzen als Schaden mit sich.

Im nachstehenden Katalog gibt sich Caritas international einerseits allgemeine Grundsätze für ihr humanitäres Handeln, andererseits nimmt sie Stellung zu den in Kapitel 2 behandelten Spannungsfeldern.

Allgemeine Handlungsgrundsätze

* Caritas international arbeitet unparteilich. Entscheidendes Kriterium bei der Zuteilung ihrer Hilfe ist das Ausmaß der Not. Caritas setzt alles daran, dass ihre humanitäre Hilfe nicht zugunsten einer bestimmten Partei oder politischen Sichtweise missbraucht wird.

---

108 Der Begriff der „Verhältnismäßigkeit" lehnt sich an die Rechtstradition der modernen Staaten an. So muss gemäß Art. 5 Abs. 2 der Schweizerischen Bundesverfassung jedes staatliche Handeln „verhältnismäßig" sein. Demnach muss eine Maßnahme (i) geeignet sein, die angestrebte Wirkung zu erzielen, (ii) erforderlich sein, das heißt durch keine leichtere Maßnahme ersetzbar sein, und (iii) angemessen sein, das heißt der Nutzen des Eingriffs muss größer sein als der Schaden.

- Caritas international ist nicht neutral, wenn die Würde und Sicherheit von Menschen in Gefahr sind, Menschenrechte mit Füßen getreten und Bevölkerungsgruppen systematisch verfolgt und umgebracht werden. Sie unterstützt die Opfer und nennt die Täter beim Namen.

- Caritas international unterstützt in ihrem humanitären Engagement jene einheimischen Kräfte, die willens sind, im Interesse benachteiligter Gruppen Einfluss auf die wirtschaftlichen und gesellschaftlichen Entwicklungen zu nehmen und Gerechtigkeits- und Versöhnungsprozesse in Gang zu bringen.

- Caritas international arbeitet in all ihren Tätigkeitsbereichen – namentlich in ihrer Entwicklungszusammenarbeit – darauf hin, dass drohende humanitäre Krisen früh wahrgenommen und wenn möglich verhindert werden können.

- Caritas international gestaltet ihre humanitäre Hilfe angepasst und nachhaltig, indem sie die von Not betroffene Gesellschaft in ihre Arbeit einbezieht, deren Verletzbarkeit bei künftigen Katastrophen reduziert und deren Mechanismen zur selbständigen Bewältigung von Krisen und Katastrophen stärkt.

- Caritas international richtet in ihren humanitären Programmen ein besonderes Augenmerk auf die Gender-Dimension.[109] Sie unterstützt Frauen und Männer im Bestreben, sich zu organisieren, ihre Interessen wahrzunehmen und sich aktiv an den Hilfsprogrammen zu beteiligen.

- Caritas international arbeitet in humanitären Krisenregionen wann immer möglich mit lokalen Partnerorganisationen – in der Regel aus dem Caritas-Verbund – zusammen.

- Caritas international strebt die Koordination und Kooperation mit anderen internationalen humanitären Akteuren inner- und außerhalb des Caritas-Netzes an.

- Caritas international geht in ihrem humanitären Handeln sorgfältig, transparent und verbindlich vor und schafft so Vertrauen – bei den

---

109 Gender bezeichnet diejenigen Eigenschaften und Rollen von Frauen und Männern, die durch Sozialisation erworben werden.

Notleidenden ebenso wie bei den Spenderinnen und Spendern sowie staatlichen Donatoren.

- Caritas international handelt glaubwürdig. Sie weckt keine Erwartungen, denen sie nicht gerecht werden kann.

- Caritas international ist offen gegenüber Kritik und ist bestrebt, ihr humanitäres Handeln aufgrund von Erfahrungen, erkannten Fehlern und neuen Erkenntnissen kontinuierlich weiterzuentwickeln.

Zur Frage humanitär begründeter Militärinterventionen

Mit dem Prinzip staatlicher Souveränität einher geht für Caritas die Pflicht eines jeden Staates, seine Bürgerinnen und Bürger zu schützen und ihnen ein Leben in Würde zu ermöglichen. Im Einklang mit UNO-Generalsekretär Kofi Annan und der International Commission on Intervention and State Sovereignty (ICISS) ist Caritas der Überzeugung, dass diese Verpflichtung auf die internationale Staatengemeinschaft zurückfällt, sofern ein Staat dazu nicht willens oder fähig ist.

Vor diesem Hintergrund anerkennt Caritas die fallweise Notwendigkeit von internationalen Zwangsmaßnahmen, mitunter gar Militärinterventionen. Solche Einsätze dürfen aber immer nur ultima ratio sein: alle anderen, gewaltlosen Möglichkeiten müssen ausgeschöpft worden sein und sich als unwirksam erwiesen haben. Darüber hinaus müssen sie folgenden Kriterien genügen:

- Das primäre Ziel der Militärintervention ist die Verhinderung oder Beendigung einer humanitären Notsituation. Die Intervention entspricht Sinn und Geist der UN-Charta, wie er in der Präambel und Artikel 1 dargelegt wird.

- Dank der Militärintervention wird mit großer Wahrscheinlichkeit das Leben zahlreicher Menschen gerettet. Es bestehen begründete Erfolgsaussichten, mit der Militärintervention die von Despoten ausgehende Gewaltherrschaft und Repression erfolgreich zu beenden oder eine internationale Bedrohung abzuwenden.

- Die Not, die durch die Militärintervention beendet respektive verhindert werden soll, ist deutlich größer als das zu erwartende Leid, das durch sie verursacht werden wird.

- Bei der Militärintervention wird die Zivilbevölkerung geschont, unnötige Schäden werden vermieden, die Wirkung der eingesetzten Waffen kann kontrolliert und begrenzt werden.

Zur Frage der Zusammenarbeit mit militärischen Akteuren

Die Kernaufgabe des Militärs in einer Not- und Krisenregion ist die Durchsetzung und Wahrung von Sicherheit und Ordnung, humanitäre Hilfe dagegen ist Sache ziviler Hilfsorganisationen. Caritas international lehnt daher humanitäre Hilfsaktionen von militärischen Akteuren grundsätzlich ab, erinnert aber gleichzeitig daran, dass militärische Akteure völkerrechtlich verpflichtet sind, in kriegerischen Auseinandersetzungen Zivilisten und kampfunfähige Gegner zu schonen, unnötige Schäden zu vermeiden und sicherzustellen, dass humanitäre Akteure ihrer Arbeit nachgehen und den Hilfsbedürftigen aller Lager Hilfe zukommen lassen können.

Unter außergewöhnlichen Umständen kann es allerdings aus humanitärer Sicht sinnvoll werden, dass militärische Akteure ihre Kompetenzen in humanitäre Hilfsaktionen einbringen und humanitär tätig werden – vor allem bei Naturkatastrophen in Regionen ohne Gewaltkonflikte. In Anlehnung an die Positionen von Caritas Internationalis, des Steering Commitee for Humanitarian Response (SCHR) der großen humanitären Hilfsorganisationen sowie der Inter-Agency Standing Committee Working Group (IASC) der UN-Organisationen ist für Caritas international ein humanitäres Engagement militärischer Akteure aber nur unter den folgenden Bedingungen akzeptabel:

- Das Militär nimmt seine Hauptaufgabe, die Durchsetzung und Wahrung von Sicherheit und Ordnung, in vollem Umfang wahr.

- Das humanitäre Engagement des Militärs ist für eine wirkungsvolle Nothilfe an die Opfer zwingend notwendig. Es findet sich kein ziviler humanitärer Akteur, der die Aufgabe – ihres spezifischen Charakters oder der Zeitnot wegen – wahrnehmen kann. Das heißt, ohne einen Militäreinsatz könnte großes menschliches Leid nicht verhindert werden. Zum Einsatz können die spezifischen Ressourcen und Kompetenzen des Militärs namentlich im Bereich Sicherheit/Sicherung (zum Beispiel Schutz, Minenräumung), Transport,

Logistik (zum Beispiel Material, Lager), Brücken- und Straßenbau oder Kommunikation kommen.

- Das humanitäre Engagement des Militärs ist erfolgversprechend und der humanitären Zielsetzung der Notlinderung verpflichtet und angepasst. Es besteht die begründete Aussicht, dass mit dem Engagement des Militärs große Not verhindert werden kann.

- Das humanitäre Engagement des Militärs ist zeitlich eng befristet. Sobald eine zivile Organisation willens und fähig ist, die Hilfsaufgaben wahrzunehmen, überträgt das Militär die Aufgaben an diese zivilen Kräfte.

- Der humanitäre Einsatz des Militärs erfolgt auf Wunsch einer legitimen zivilen Behörde oder einer allgemein anerkannten, internationalen humanitären Organisation.

- Dem Militär kommt eine unterstützende Funktion zu. Es unterlässt in der Regel jede Aktion, die es in direkten Kontakt mit den Notleidenden bringt.

- Das Militär hält sich bei seinen Aktionen strikt an das humanitäre Völkerrecht. Namentlich unterlässt es alle Aktionen, die bei der Zivilbevölkerung zu unnötigem Leid führen, unnötige Sachschäden hervorrufen oder die Arbeit der humanitären Akteure behindern. Zudem tritt es uniformiert auf und ist somit stets von Zivilisten unterscheidbar.

- Das Militär hält sich in seinem humanitären Engagement an die allgemeinen humanitären Grundsätze. Bei der Hilfsverteilung beachtet es einzig das Kriterium der Not. Eine Ungleichbehandlung der Opfer aufgrund sachfremder Kriterien ist unzulässig.

- Das Militär unterlässt jede Aktivität, die die Sicherheit der Begünstigten oder der zivilen humanitären Helfer gefährdet.

- Das Militär unterlässt jede Aktivität, die die Glaubwürdigkeit und Akzeptanz der zivilen humanitären Helfer bei den Notleidenden untergräbt.

Caritas international arbeitet im Rahmen ihrer humanitären Hilfe in Konfliktkontexten in der Regel nicht mit Militärs zusammen. Um die humanitären Ziele zu erreichen und die eigene Arbeit sicherzustellen und effektiv zu gestalten, kann sich aber ein Informationsaustausch mit militärischen Akteuren als notwendig erweisen (Liaison Arrangements).[110] Ein solcher Informationsaustausch darf aber nur stattfinden, wenn er keine Gefahr für Begünstigte und Hilfsorganisationen mit sich bringt und die Glaubwürdigkeit der Hilfsaktionen und -organisationen nicht untergräbt.

Eine Kooperation mit militärischen Akteuren in Konfliktkontexten, die sich nicht auf den Informationsaustausch begrenzt,[111] geht Caritas international nur dann ein, wenn das Engagement der Militärs den obigen Kriterien genügt und zusätzlich die folgenden Bedingungen erfüllt sind:[112]

- Die Kooperation ist zwingend notwendig, um das humanitäre Ziel von Caritas international zu erreichen; es gibt keine Alternative dazu. Nur dank der Zusammenarbeit kann Caritas große menschliche Not verhindern bzw. lindern.[113]

- Die Kooperation ist erfolgversprechend; das humanitäre Ziel kann höchst wahrscheinlich durch die Kooperation erreicht werden.[114]

---

110 Es kann sich um Informationen zu Gefahrenquellen (Blindgänger, Hinterhalte, Minenfelder etc.), um Angaben zu militärischen oder humanitären Aktivitäten bzw. Einrichtungen (Zeitpunkt, Standort etc.) oder um Informationen zur humanitären Krise (Ausmaß und Art des Bedarfs, Bevölkerungsverschiebungen etc.) handeln.

111 Dies reicht vom Nutzen militärischer Minenräum-Kapazitäten über die Inanspruchnahme logistischer Unterstützungsmaßnahmen bis hin zum äußerst heiklen Beschützenlassen humanitären Personals bzw. humanitärer Einrichtungen.

112 Die gleichen Bedingungen gelten für allfällige Kooperationen mit Private Security Companies: Werden private Sicherheitsfirmen beauftragt, Hilfsempfänger und Helfer zu beschützen oder Ausrüstung und Hilfsgüter zu bewachen, so muss dieses Engagement (i) nötig, (ii) erfolgversprechend, (iii) von Caritas gewünscht sein, (iv) den humanitären Charakter der Gesamtaktion bewahren, (v) unter der Gesamtleitung der Caritas stehen und (vi) zeitlich begrenzt sein.

113 Nach diesem Grundsatz können militärische Schutzmaßnahmen nur dann akzeptiert werden, wenn die souveräne Macht nicht fähig oder willens ist, für Sicherheit im Gebiet zu sorgen.

114 Nach diesem Grundsatz können militärische Schutzmaßnahmen nur dann akzeptiert werden, wenn sie geeignet sind, die abzuwehrenden Gefahren auch tatsächlich abzuwehren.

- Die Kooperation beeinträchtigt den humanitären Charakter der Gesamtaktion nicht; sie ist ausschließlich der humanitären Zielsetzung der Notlinderung verpflichtet.

- Die Kooperation kommt auf Wunsch von Caritas zustande.

- Die Leitung der Gesamtaktion liegt bei Caritas oder einem von ihr anerkannten zivilen humanitären Organ. Diese Leitung wird vom Militär anerkannt.

- Die Kooperation ist zeitlich eng begrenzt und wird beendet, sobald ihr Zweck erfüllt ist oder ein ziviler humanitärer Akteur die Aufgabe übernehmen kann. Eine langfristige Abhängigkeit des zivilen humanitären Engagements vom Goodwill des Militärs wird verhindert.

- Die Kooperation gefährdet weder den Zugang zu den Bedürftigen (Sustainability of Access) noch beeinträchtigt sie die Glaubwürdigkeit des Caritas-Engagements bei Begünstigten, Donatoren oder Öffentlichkeit.

Zur Frage schädlicher Nebeneffekte

Caritas international kennt das Risiko unbeabsichtigter schädlicher Nebeneffekte bei humanitären Aktionen. Sie ist überzeugt, die meisten Nebenwirkungen durch sorgfältige Programmgestaltung und Monitoring der Hilfsaktivitäten verhindern oder zumindest eindämmen zu können. Ihr ist aber bewusst, dass es ein Trugschluss wäre, anzunehmen, es ließen sich alle negativen Folgen vermeiden.

Caritas international stellt in ihrer Arbeit sicher, dass die möglichen negativen Auswirkungen der eigenen Aktionen wahrgenommen und die Lehren daraus gezogen werden. Sie setzt alles daran, unnötige Gefahren zu umgehen, vermeidbare Schäden zu verhindern, voraussehbare negative Effekte auszumerzen. Daraus ergeben sich für Caritas international die folgenden Grundsätze:

- Caritas international unterlässt in ihren humanitären Programmen alle Aktivitäten, die Schäden verursachen oder zu mehr Not führen.

- Caritas international unternimmt keine Aktivitäten, die dazu führen, dass Kriege verlängert, neue Rivalitäten geschaffen werden oder Konfliktakteure an zusätzlicher Legitimität und Anerkennung gewinnen.

- Caritas international vermeidet Aktivitäten, welche die lokale Volkswirtschaft schwächen, insbesondere die regionale Produktion und lokalen Märkte untergraben, zu einem starken Anstieg von Löhnen und Mieten führen oder das Währungssystem gefährden.

- Caritas international achtet bei der Ausgestaltung ihrer humanitären Programme darauf, der notleidenden Bevölkerung mit Respekt zu begegnen, sie aktiv in die Arbeit einzubeziehen, die vorhandenen sozialen Solidaritäts- und Sicherheitsnetze zu stärken und ein Aufkommen neokolonialer Werte und Verhaltensmuster zu verhindern.

- Hat Caritas international den begründeten Verdacht oder zeigt die Erfahrung, dass eines ihrer humanitären Programme schädliche Nebeneffekte hat – insbesondere zur Verschärfung oder Verlängerung von Konflikten führt –, gestaltet sie ihr Hilfsengagement zwingend um.

- Sind trotz Anpassungen diese schwerwiegenden Nebeneffekte nicht vermeidbar, suspendiert Caritas international ihre Aktivitäten oder bricht sie ab.

Zur Frage der Instrumentalisierung

Es ist für Caritas international unbestreitbar, dass zahlreiche humanitäre Hilfsaktionen gerade in Konfliktsituationen von Instrumentalisierungsversuchen begleitet werden. Caritas international ist sich im Klaren darüber, dass auch ihr Engagement grundsätzlich nicht davor gefeit ist, für nichthumanitäre Zwecke missbraucht zu werden: Teile ihrer Hilfsgüter könnten unterschlagen oder zweckentfremdet werden; autoritäre Regimes und Kriegsfürsten könnten politisch Kapital aus ihrer Präsenz und Hilfsarbeit schlagen; sie könnte der unverantwortlichen Außenpolitik ihres Landes Vorschub leisten oder den Interessen der eigenen Wirtschaft dienen. Caritas setzt jedoch alles daran, dass ihre Hilfe nicht instrumentalisiert wird und entschließt sich notfalls gar dazu, ihr Engagement in einer Krisenregion abzubrechen. Für Caritas international gelten folgende Grundsätze:

- Caritas international verfolgt mit ihrem Engagement ausschließlich humanitäre Ziele.

- Caritas international fühlt sich nur ihren Begünstigten, Geldgebern und Partnern gegenüber zur Rechenschaft verpflichtet. Ihre Hilfe darf nicht den Interessen Dritter dienen.

- Caritas international lehnt humanitäre Aktivitäten ab, die eine direkte Unterstützung einer Konfliktpartei oder eines despotischen Regimes darstellen oder ihrer politischen Legitimierung dienen.

- Caritas international achtet darauf, dass ihre humanitäre Hilfe nicht zum Instrument der außenpolitischen, eigennützigen Interessenwahrung des eigenen Staates wird.

- Caritas international setzt alles daran, dass ihre humanitäre Hilfe in den Geberländern nicht zur Befriedigung derer partikulären Wirtschaftsinteressen – zum Beispiel für den Abbau von Produktions-Überkapazitäten – missbraucht wird, sofern dies zu Lasten der lokalen Wirtschaft geht.

- Um eine weitgehende Unabhängigkeit ihrer humanitären Hilfe zu gewährleisten, setzt Caritas international alles daran, sich bei der Finanzierung ihres Engagements möglichst breit auf verschiedene Quellen abzustützen.

- Hat Caritas international den begründeten Verdacht oder zeigt die Erfahrung, dass eines ihrer humanitären Programme für nichthumanitäre Zwecke missbraucht wird, gestaltet sie es zur Verhinderung weiteren Missbrauchs zwingend um.

- Sind trotz Anpassungen schwerwiegende Missbräuche nicht vermeidbar, suspendiert Caritas international ihre Aktivitäten oder bricht sie ab.

Zur Frage der Politisierung

Caritas international steht auf der Seite der Armen und Benachteiligten, die von politischen, wirtschaftlichen und sozialen Entwicklungen ausgeschlossen oder Opfer von Gewalt und Katastrophen sind. Daher unterstützt Caritas international Bestrebungen für eine nachhaltige gesellschaftliche Entwicklung zugunsten der Armen und Benachteiligten und tritt öffentlich ein für die Durchsetzung und Achtung der Menschenrechte und Menschenwürde, der sozialen und wirtschaftlichen Gerechtigkeit sowie des Friedens.

Mitunter sieht sich Caritas international jedoch gezwungen, sich von solchen politischen Auseinandersetzungen fern- und mit öffentlicher Kritik zurückzuhalten, um damit ein langfristiges humanitäres Engagement im Interesse ihrer Begünstigten zu ermöglichen. Caritas international beachtet folgende Grundsätze:

- Caritas international gestaltet ihre humanitäre Hilfe nach dem Prinzip der Unparteilichkeit, ausschlaggebend ist einzig und allein das Not-Kriterium. Ihre Hilfsaktionen werden nicht dazu benutzt, politischen oder religiösen Anliegen zur Durchsetzung zu verhelfen.

- Gleichzeitig versteht es Caritas international als ihre Aufgabe, im Interesse einer nachhaltigen Verbesserung der Lebensumstände der Hilfsbedürftigen Menschenrechtsverletzungen aufzuzeigen, Ungerechtigkeiten zu bekämpfen und den eigenen Hilfsaktivitäten eine längerfristige Entwicklungsperspektive zu geben.

- Caritas international strebt danach, in ihrem humanitären Engagement diese verschiedenen Zielsetzungen miteinander in Einklang zu bringen. Sie ist sich aber der daraus mitunter hervorgehenden Spannungen bewusst.

- Caritas international gestaltet ihr politisches Engagement, ihren Einsatz für Menschenrechte, ihre Friedensbemühungen und ihre Bestrebungen nach Ursachenbekämpfung stets so, dass ihre Überlebenshilfe-Aktivitäten nicht gefährdet werden.

Zur Frage der gerechten Verteilung

Caritas international fühlt sich dem Gebot der gerechten Verteilung verpflichtet: Ihre humanitäre Hilfe soll grundsätzlich jenen Menschen zukommen, deren Not am größten ist – ungeachtet des Interesses, das Politik und Öffentlichkeit den jeweiligen Krisen entgegenbringen.

Zwar ist sich Caritas international des Einflusses von Medien und Politik auf die humanitäre Hilfe bewusst und trägt dem Rechnung, indem sie die Prioritäten staatlicher und privater Geldgeber berücksichtigt und in ihre Hilfsprogramme einfließen lässt. Caritas international setzt aber alles daran, diesem Einfluss von Medien und Politik entgegenzuwirken und – im Interesse der Notleidenden – dem Gebot der gerechten Verteilung der humanitären Hilfe Achtung zu verschaffen. Dies bedeutet:

- Caritas international wird grundsätzlich humanitär tätig, wenn Not und Bedarf bestehen und ihre institutionellen Kompetenzen es erlauben, ihre Hilfsaktivitäten in professioneller und wirkungsvoller Art und Weise durchzuführen.

- Mittels sorgfältiger Öffentlichkeitsarbeit trägt Caritas international dazu bei, dass auch „vergessene" Konflikte, periphere Notsituationen und deren dringender Bedarf nach humanitärer Hilfe in das Blickfeld der Öffentlichkeit rücken.

- Caritas international drängt staatliche und internationale Geldgeber, den „vergessenen" Krisen zusätzliche Aufmerksamkeit und Mittel zukommen zu lassen.

- Caritas international motiviert politische Entscheidungsträger, bei der Ausgestaltung staatlicher humanitärer Hilfsprogramme dem Kriterium der Not zu folgen und allfällige politische oder wirtschaftliche Sonderinteressen hintanzustellen.

- Caritas international ist bestrebt, ihre Spenderinnen und Spender mittels gezielter Informationsarbeit für die „Geografie der Not" zu sensibilisieren.

- Caritas international setzt einen Teil ihrer Mittel für humanitäre Hilfsaktionen in „vergessenen" Krisen- und Notregionen ein, die nicht im Scheinwerferlicht der Öffentlichkeit sind.

Zur Frage von Transparenz und Rechenschaft

Caritas international unterstützt die Forderung der Öffentlichkeit nach Transparenz, Kontrolle und Verantwortlichkeit humanitärer Hilfsorganisationen und trägt ihr in der täglichen Arbeit Rechnung. Caritas international versteht dieses Anliegen als Aufforderung zu einem effizienten und wirkungsvollen humanitären Handeln, das den berechtigten Erwartungen ihrer Spenderinnen und Spender sowie staatlichen Geldgeber, vor allem aber dem Elend der Notleidenden Rechnung trägt.

Mitunter hat der Ruf nach Transparenz und Kontrolle aber auch ungewollt negative Folgen. Caritas international ist bemüht, diese Auswirkungen zu vermeiden, auch wenn sie damit gelegentlich einzelne Erwartungen der Öffentlichkeit enttäuscht. Verantwortliches Handeln gegenüber ihren Spenderinnen und Spendern sowie Geldgebern bedeutet:

- Caritas international setzt ihre Mittel wirkungsvoll, effizient und kostensparend ein. Dabei wendet sie die für eine professionelle NGO mit hohen Qualitätsstandards nötigen Kosten für Planung, Projektentwicklung, Verwaltung und Qualitätssicherung auf.

- Caritas international gestaltet ihre humanitäre Hilfe nachhaltig. Folglich beschränkt sie sich in ihrer Berichterstattung gegenüber Öffentlichkeit, Spenderinnen und Spendern sowie staatlichen Donatoren nicht auf die Präsentation messbarer Indikatoren und Erfolgsgrößen; vielmehr legt sie in ihrer Rechenschaftsablegung besonderes Gewicht auf Kriterien wie präventive Wirkung, Einbezug Begünstigter und lokale Angepasstheit.

- Caritas international respektiert das zweckgebundene Spenden. Dabei sensibilisiert sie ihre Spenderinnen und Spender für eine verantwortungsbewusste und bedarfsgerechte Form des Spendens, damit sie dort arbeiten kann, wo die Not am größten ist.

- Caritas international hält sich an die für sie verbindlichen Grundsätze und Verhaltenskodizes. Sie dienen ihr als notwendiges Mittel zur Sicherstellung einer qualitativ hochwertigen humanitären Hilfe – gerade auch in schwierigen Arbeitssituationen.

Literatur

Amnesty International, 2000: „Collateral Damage" or Unlawful Killings? Violations of the Laws of War by NATO during Operation Allied Force. Amnesty International Report 70/018/2000

Anderson Mary B., 1998: „You save my life today, but for what tomorrow?" Some Moral Dilemmas of Humanitarian Aid. In: Moore Jonathan (Hg.): Hard Choices. Moral Dilemmas in Humanitarian Intervention. Lanham. S. 137-156

Anderson Mary B., 1999: Do no Harm. How Aid Can Support Peace – or War. Boulder, London

Annan Kofi, 1998a: Meeting Humanitarian Commitments. Report of the UN Secretary-General on the Work of the Organization in 1998, 27. August 1998, New York

Annan Kofi, 1998b: Peacekeeping, Military Intervention, and National Sovereignty in Internal Armed Conflict. In: Moore Jonathan (Hg.): Hard Choices. Moral Dilemmas in Humanitarian Intervention. Lanham. S. 55-69

Annan Kofi, 1999: An Increasing Vulnerability to Natural Disasters. The International Herald Tribune, 16.–17. Oktober 1999

Annan Kofi, 2000a: Military Operations Should not Be Described as Humanitarian Action. Rede am International Peace Academy Symposium on Humanitarian Action, 20. November 2000, New York. UN-Pressemitteilung SG/SM/7632

Annan Kofi, 2000b: „We the Peoples". The Role of the United Nations in the 21st Century. New York

Auswärtiges Amt der Bundesrepublik Deutschland, 2000: Die zwölf Grundregeln der Humanitären Hilfe. Berlin. www.auswaertiges-amt.de/www/de/aussenpolitik/humanitaere_hilfe/grundregeln_html

Barfod Michael, 2000: Humanitarian and Conditionality: ECHO's Experience and Prospects Under the Common Foreign and Security Policy. In: Leader Nicholas, Macrae Joanna (Hg.): Terms of Engagement: Conditions and Conditionality in Humanitarian Action. HPG Report 6. London. S. 37-43

Barry Jane, Jeffreys Anna, 2002: A Bridge Too Far: Aid Agencies and the Military in Humanitarian Response. A Humanitarian Practice Network Paper. London

Beach Hugh, Isbister Roy, 2000: Old Wine, New Bottles: The Just War Tradition and Humanitarian Intervention. ISIS Briefing Paper. London

Beham Mira, 1996: Kriegstrommeln. Medien, Krieg und Politik. München

Bettati Mario, 1996: Le droit d'ingérence – mutation de l'ordre international. Paris

Bettati Mario, Kouchner Bernard, 1987: Le devoir d'ingérence. Paris

Bischoff Jürg, 2003: Der humanitäre Raum schrumpft. Das IKRK sucht Antworten auf wachsende Bedrohung. NZZ, 25. September 2003

BMVg, 2003: Verteidigungspolitische Richtlinien für den Geschäftsbereich des Bundesministers der Verteidigung. Berlin

Bookstein Amelia, 2003: The Implications of the Politicisation of Aid. EU Humanitarian Aid – Challenges Ahead. Brüssel

Borton John, Brusset Emery, Hallam Alistair, 1996: Humanitarian Aid and its Effects. The International Response to Conflict and Genocide: Lessons from the Rwanda Experience. JEEAR Study 3. Kopenhagen

Bouchet-Saulnier Françoise, 1998: Dictionnaire pratique du droit humanitaire. Paris

Brahimi Lakhdar et al., 2000: Report of the Panel on United Nations Peace Operations. New York

Bruderlein Claude, 2000: The Role of Non-State Actors in Building Human Security. The Case of Armed Groups in Intra-State Wars. Genf

Brunel Sylvie, Bodin Jean-Luc, 2000: Humanitarianism Should not Eclipse Humanity. In: ICRC (Hg.): War, Money and Survival. FORUM 2000. Genf. S. 88-91

Brusset Emery, Tiberghien Christine, 2002: Trends and Risks in EU Humanitarian Action. In: Macrae Joanna (Hg.): The New Humanitarianisms: A Review of Trends in Global Humanitarian Action. HPG Report 11. London. S. 51-61

Bruyns Marie, 2002: Forgotten Crises: How We Can Help. Humanitarian Affairs Review, Herbst 2002. S. 28-31

Bryans Michael, Jones Bruce D., Gross Stein Janice 1999: Mean Times. Humanitarian Action in Complex Political Emergencies – Stark Choices, Cruel Dilemmas. Toronto

Bugnion François, 2002: Just Wars, Wars of Aggression and International Humanitarian Law. International Review of the Red Cross 847. S. 523-546

Bundesrat, 1977: Verordnung über die internationale Entwicklungszusammenarbeit und humanitäre Hilfe. Bern. SR 974.01

Bundesrat, 1999: Sicherheit durch Kooperation. Bericht des Bundesrates an die Bundesversammlung über die Sicherheitspolitik der Schweiz. Bern. BBl 1999, 38, S. 7657-7734

Bundesrat, 2000: Aussenpolitischer Bericht 2000. Präsenz und Kooperation: Interessenwahrung in einer zusammenwachsenden Welt. Bericht des Bundesrates an die Bundesversammlung. Bern. BBl 2001, 6, S. 261-358

Bundesrat, 2001a: Verordnung über die Katastrophenhilfe im Ausland. Bern. SR 974.03

Bundesrat, 2001b: Botschaft über die Weiterführung der internationalen humanitären Hilfe der Eidgenossenschaft. Bern. BBl 2002, 12, S. 2221-2288

Bundesrat, 2002a: Botschaft zum Bundesgesetz über Massnahmen zur zivilen Friedensförderung und Stärkung der Menschenrechte. Bern. BBl 2002, 48, S. 7611-7622

Bundesrat, 2002b: Botschaft über einen Rahmenkredit für Massnahmen zur zivilen Friedensförderung und Stärkung der Menschenrechte. Bern. BBl 2002, 51, S. 7975-8058

Bundesrat, 2005: Bericht 2004 über Massnahmen zur zivilen Konfliktbearbeitung und Menschenrechtsförderung. Bern. (18. Mai 2005)

Bundesversammlung, 1976: Bundesgesetz über die internationale Entwicklungszusammenarbeit und humanitäre Hilfe. Bern. SR 974.0

Bundesversammlung, 1995: Bundesgesetz über die Armee und die Militärverwaltung. Bern. SR 510.10

Bundesversammlung, 1999: Bundesverfassung der Schweizerischen Eidgenossenschaft vom 18. April 1999 (Stand 29. März 2005). Bern. SR 101

Bundesversammlung, 2002: Bundesbeschluss über die Weiterführung der internationalen humanitären Hilfe der Eidgenossenschaft. Bern. BBl 2002, 27, S. 4467-4468

Burgelin Henri, 2000: La constitution d'un corps civil luxembourgeois pour la gestion des crises et l'aide humanitaire. Paris

Byrne Bridget, Baden Sally, 1995: Gender, Emergencies and Humanitarian Assistance. Bridge: Development – Gender, Report 33. Brighton

Cadisch Marc, 2005: „Konventionelle Attentate sind ja schon fast Routine". Interview von Daniel Weber und Andreas Dietrich. NZZ Folio, Januar 2005. S. 38-41

Campbell Greg, 2003: Tödliche Steine. Der globale Diamantenhandel und seine Folgen. Hamburg

Carbonnier Gilles, 2003: Corporate Humanitarian Responsibility: What Does It Mean? Humanitarian Affairs Review, Sommer 2003. S. 54-57

Caritas Europa, 2002: Military Forces Supporting Humanitarian Operations: Defining the Most Appropriate Relationship for Member Agencies of Caritas Internationalis. A Caritas Europa Policy Paper. Brüssel

Caritas Schweiz, 2005: Jahresbericht 2004. Luzern

Cate Fred, 2002: The „CNN Effect" Is Far from Clear-Cut. Humanitarian Affairs Review, Sommer 2002. S. 4-7

Chalupa Günther, 1993: Schwarzmarkt von Sarajewo wird einigen Blauhelmen zum Verhängnis. DPA, 25. August 1993

Chojnacki Sven, 2002: Kriege und Katastrophen im internationalen System. Empirische Trends und neue Herausforderungen. In: Eberwein Wolf-Dieter, Runge Peter (Hg.): Humanitäre Hilfe statt Politik? Neue Herausforderungen für ein altes Politikfeld. Berlin. S. 189-224

CIA, 2004: The World Factbook 2004. Washington DC

Collier Paul et al., 2003: Breaking the Conflict Trap. Civil War and Development Policy. Oxford, Washington DC

Collier Paul, Hoeffler Anke, 2000: Aid, Policy and Peace. A World Bank Policy Research Working Paper. Washington DC

Collier Paul, Hoeffler Anke, 2001: Greed and Grievance in Civil War. A World Bank Policy Research Working Paper. Washington DC

Collier Paul, Hoeffler Anke, 2002: Military Expenditure: Threats, Aid and Arms Races. A World Bank Policy Research Working Paper. Washington DC

Comtesse Philippe, 1997: The New Vulnerability of Humanitarian Workers: What is the Proper Response? An ICRC Delegate's View. International Review of the Red Cross 317. S. 143-151

Cremer Georg, 1997: Verlängert Nothilfe Kriege? In: caritas 98. Jahrbuch des Deutschen Caritas-Verbandes. Freiburg. S. 195-205

Cremer Georg, 1998: On the Problem of Misuse in Emergency Aid. The Journal of Humanitarian Assistance, Article 042. www.jha.ac/articles/a042.htm

CSV, DP, 1999: Accord de coalition. Luxemburg

Curtis Devon, 2001: Politics and Humanitarian Aid: Debates, Dilemmas and Dissension. HPG Report 10. London

Dallaire Roméo, 1998: The End of Innocence: Rwanda 1994. In: Moore Jonathan (Hg.): Hard Choices. Moral Dilemmas in Humanitarian Intervention. Lanham. S. 71-86

Dallaire Roméo, Beardsley Brent, 2003: Shake Hands with the Devil. The Failure of Humanity in Rwanda. Toronto

Darcy James, Hofmann Charles-Antoine, 2003: According to Need? Needs Assessment and Decision-Making in the Humanitarian Sector. HPG Report 15. London

Davies Robin, 2000a: Humanitarian Assistance: Negative Spin-Offs for the Host Country. In: ICRC (Hg.): War, Money and Survival. FORUM 2000. Genf. S. 82-87

Davies Robin, 2000b: The Relief Industry. In: ICRC (Hg.): War, Money and Survival. FORUM 2000. Genf. S. 56-57

Debiel Tobias, 2003: UN-Friedensoperationen in Afrika. Weltinnenpolitik und die Realität von Bürgerkriegen. Bonn

Debiel Tobias, Nuscheler Franz (Hg.), 1996: Der neue Interventionismus. Humanitäre Einmischung zwischen Anspruch und Wirklichkeit. Bonn

de Courten Jean, 1997: The New Humanitarian Challenges. An Official ICRC Statement. Conference on the Heads of Military Training. 14.–17. Oktober 1997. Genf

De Senarclens Pierre, 1999: L'humanitaire en catastrophe. Paris

Des Forges Alison, 2002: Kein Zeuge darf überleben. Der Genozid in Ruanda. Hamburg

De Torrenté Nicolas, 2002a: CNN Effect or Not, these Stories Must Be Told. Humanitarian Affairs Review, Herbst 2002. S. 57-59

De Torrenté Nicolas, 2002b: The War on Terror's Challenge to Humanitarian Action. Humanitarian Exchange 22. S. 44-46

De Waal Alex, Omaar Rakiya, 1996: Humanitarismus ohne Grenzen? Das Wesen humanitärer Hilfe im Wandel. In: Debiel Tobias, Nuscheler Franz (Hg.): Der neue Interventionismus. Humanitäre Einmischung zwischen Anspruch und Wirklichkeit. Bonn. S. 209-227

134

De Wolf Will, 2003: Clear Guidelines Will Avoid Civil-Military Overlap. Humanitarian Affairs Review, Frühling 2003. S. 62-65

DEZA, 2000: Strategie 2010. Nachhaltig, zukunftsgerichtet, partnerschaftlich, wirkungsorientiert. Bern

DEZA, 2001: Solidarität leben. Humanitäre Hilfe. Strategie 2005. Bern

DEZA, 2004: Advocacy Guidelines. Humanitarian Aid of the Swiss Confederation. Bern

DEZA, 2005a: Humanitarian Aid of the Swiss Confederation: A Strategic Framework for Multilateral Commitment. Bern

DEZA, 2005b: Einsatzkonzept SKH 2005. Bern

DEZA, seco, 2002: Jahresbericht der internationalen Zusammenarbeit der Schweiz 2001. Bern

DEZA, seco, 2003: Jahresbericht der internationalen Zusammenarbeit der Schweiz 2002. Bern

DEZA, seco, 2004: Jahresbericht der internationalen Zusammenarbeit der Schweiz 2003. Bern

DEZA, seco, 2005: Jahresbericht der internationalen Zusammenarbeit der Schweiz 2004. Bern

Dinstein Yoram, 2000: The Right to Humanitarian Assistance. Naval War College Review, Herbst 2000. S. 77-92

Dixon Lawrence G., 2002: The Antidote to Patronage, Power Politics, and Structural Poverty? Humanitarianism and Rights: Thoughts from Practitioner. Praxis – The Fletcher Journal of Development Studies XVII

DRK, 2003: Positionspapier Zivil-Militärische Zusammenarbeit des Deutschen Roten Kreuzes. Bonn

Duffield Mark, 2000: Humanitarian Conditionality: Origins, Consequences and Implications of the Pursuit of Development in Conflict. In: Loane Geoff, Schümer Tanja (Hg.): The Wider Impact of Humanitarian Assistance. The Case of Sudan and the Implications for European Union Policy. Baden-Baden. S. 97-130

Duffield Mark, 2001: Global Governance and the New Wars. The Merging of Security and Development. London, New York

Dutton Alistar, 2001: Comment: The Moral Legitimacy of „Conditionality" in Humanitarian Relief. The Journal of Humanitarian Assistance, Article 070. www.jha.ac/articles/a070.htm

Eberwein Wolf-Dieter (Hg.), 1997: Die Politik humanitärer Hilfe: Im Spannungsfeld von Macht und Moral. Berlin

Eberwein Wolf-Dieter, Runge Peter (Hg.), 2002: Humanitäre Hilfe statt Politik? Neue Herausforderungen für ein altes Politikfeld. Berlin

ECHO, 2002: Aid Strategy 2003. Brüssel

EDA, 1999: Die humanitären Dimensionen der Schweizerischen Aussenpolitik. Schlussbericht der Arbeitsgruppe „Humanitäre Politik der Schweiz". Bern

Eriksson John, 1996: The International Response to Conflict and Genocide: Lessons from the Rwanda Experience. Synthesis Report. Kopenhagen

EU, 2003: Ein sicheres Europa in einer besseren Welt. Europäische Sicherheitsstrategie. Verabschiedet durch den Europäischen Rat, 12. Dezember 2003, Brüssel

EU, 2004: Vertrag über eine Verfassung für Europa. Unterzeichnet durch die Regierungschefs der EU, 29. Oktober 2004, Rom

Fink Daniel, Russbach Remi, 1994: Humanitarian Action in Current Armed Conflicts: Opportunities and Obstacles. Medicine and Global Survival 1 (4). S. 188-199

Ford Caroline, 2003: The Accountability of States in Humanitarian Response. Humanitarian Exchange 24. S. 7-9

Forster Jacques, 2000: „Humanitarian Intervention" and International Humanitarian Law. An Official ICRC Statement. 9. International Humanitarian Law Seminar, 8.–9. März 2000, Genf

Fox Fiona, 2000: The Politicisation of Humanitarian Aid. A Caritas Europe Discussion Paper. Brüssel

Fox Fiona, 2001a: Keep the Red Cross Flag Flying. The Tablet, 17. Februar 2001

Fox Fiona, 2001b: New Humanitarianism: Does it Provide a Moral Banner for the 21st Century? Disasters 25 (7). S. 275-289

Frankovits André, 2002: Rules to Live by: The Human Rights Approach to Development. Praxis – The Fletcher Journal of Development Studies XVII

Freeman Mark, 2000: International Law and Internal Armed Conflicts: Clarifying the Interplay Between Human Rights and Humanitarian Protections. The Journal of Humanitarian Assistance, Article 059. www.jha.ac/articles/a059.htm

Frisch Toni, 2005: Humanitäre Herausforderungen. Ansprache anlässlich der Jahrestagung der DEZA-HH/SKH, 1. April 2005, Bern

Fuchs Peter, 1995: Humanitarian Action in Armed Conflicts: Basic Principles. An Official ICRC Statement. Seminar on „International assistance in conflict situation", 10.–11. Mai 1995, Gripsholm

Fues Thomas, Hamm Brigitte I. (Hg.), 2001: Die Weltkonferenzen der 90er Jahre: Baustellen für Global Governance. Bonn

Fukuyama Francis, 1992: The End of History and the Last Man. London

Gass Thomas, van Dok Geert, 2000: Allianzen für den Frieden. Ein Positionspapier von Caritas Schweiz zu Krisenprävention, Konfliktbearbeitung und Friedensförderung in der Internationalen Zusammenarbeit. Positionspapier 8. Luzern

Gasser Hans-Peter, 1995: Einführung in das humanitäre Völkerrecht. Bern, Stuttgart, Wien

Girod Christophe, Gnaedinger Angelo, 1998: Politics, Military Operations and Humanitarian Action: An Uneasy Alliance. Genf

Gnädinger Angelo, Fox Oliver, 2003: Die humanitären Grundsätze – Werden die Staaten ihrer Verantwortung gerecht? In: Eberwein Wolf-Dieter, Runge

Peter (Hg.): Humanitäre Hilfe statt Politik? Neue Herausforderungen für ein altes Politikfeld. Berlin. S. 148-162

Goerens Charles, 2003a: Déclaration sur la politique de coopération au développement et d'action humanitaire du Luxembourg. Luxemburg

Goerens Charles, 2003b: Entwicklungszusammenarbeit und humanitäre Hilfe: Instrumente der Politik. Tageblatt, 4.–5. Oktober 2003

Gordon Stuart, 2001: Understanding the Priorities for Civil-Military Co-Operation (CIMIC). The Journal of Humanitarian Assistance, Article 068. www.jha.ac/articles/a068.htm

Gowing Nik, 1994: Real Time Television Coverage of Armed Conflicts and Diplomatic Crises. Does it Pressure or Distort Foreign Policy Decisions? A Research Paper of the Joan Shorenstein Center on Press, Politics and Public Policy, John F. Kennedy School of Government. Cambridge MA

Gowing Nik, 2002: War and Accountability – Media in Conflict: The New Reality not yet Understood. In: ICRC (Hg.): War and Accountability. FORUM 2002. Genf. S. 58-63

Greenaway Seán, 1999: Post-Modern Conflict and Humanitarian Action: Questioning the Paradigm. The Journal of Humanitarian Assistance, Article 053. www.jha.ac/articles/a053.htm

Gresh Alain, 1999: The Rules of War. Le monde diplomatique, September 1999

Grill Bartholomäus, 1998: Afrikas Alptraum. Die Weltwoche, 28. Mai 1998

Grill Bartholomäus, Dumay Caroline, 1997: Der Söldner-Konzern Executive Outcomes: Die Firma der Krieger wirft ein unsichtbares Netz über Afrika. Die Zeit, 17. Januar 1997

GRIP, MSF (Hg.), 2002: Militaires – humanitaires. A chacun son rôle. Brüssel.

Hadden Tom, Harvey Colin, 1999: The Law of Internal Crisis and Conflict. International Review of the Red Cross 833. S. 119-133

Hamilton John, Jenner Eric, 2002: Redefining Foreign Correspondence. A Research Paper of the Joan Shorenstein Center on Press, Politics and Public Policy, John F. Kennedy School of Government. Cambridge MA

Hammarberg Thomas, 2002: Human Rights in Foreign Policy: Current Dilemmas. Rede am International Meeting on „Global Trends and Human Rights – Before and After September 11", 10.–12. Januar 2002, Genf

Hassner Pierre, 1998: From War and Peace to Violence and Intervention. Permanent Moral Dilemmas under Changing Political and Technological Conditions. In: Moore Jonathan (Hg.): Hard Choices. Moral Dilemmas in Humanitarian Intervention. Lanham. S. 9-28

Hawkins Virgil, 2001: The Price of Inaction: The Media and Humanitarian Intervention. The Journal of Humanitarian Assistance, Article 066. www.jha.ac/articles/a066.htm

HDC (Hg.), 2003: Politics and Humanitarianism: Coherence in Crisis? Genf

Hieber Loretta, 2002: Ten Guidelines for Effective Media Projects. Humanitarian Affairs Review, Frühling 2002. S. 16-19

Hippler Jochen, 1996: Das langsame Austrocknen des humanitären Interventionismus. In: Debiel Tobias, Nuscheler Franz (Hg.): Der neue Interventionismus. Humanitäre Einmischung zwischen Anspruch und Wirklichkeit. Bonn. S. 77-102

Hoffmann Stanley et al., 1996: The Ethics and Politics of Humanitarian Intervention. Notre Dame

Hofmann Charles-Antoine et al., 2004: Measuring the Impact of Humanitarian Aid – A Review of Current Practice. HPG Report 17. London

Holm Hans-Henrik, 2003: Forgotten Crises – Blame the Media. But What about the Readers and Viewers? Humanitarian Affairs Review, Winter 2003. S. 40-42

Humphreys Macartan, 2003: Economics and Violent Conflict. Harvard

IASC, 1995: IASC Principles on Military-Civilian Relations. New York

IASC, 2001: Use of Military or Armed Escorts for Humanitarian Convoys. Discussion Paper and Non-Binding Guidelines. New York

IASC, 2003: Guidelines On the Use of Military and Civil Defence Assets To Support United Nations Humanitarian Activities in Complex Emergencies. New York

IASC, 2004: Civil-Military Relationship in Complex Emergencies. An IASC Reference Paper. New York

ICBL, 1999: ICBL Statement on Continued Use of Antipersonnel Mines in Yugoslavia. Official ICBL Statement. General Assembly, 9. Mai 1999, Maputo

ICC, 2002: The Rome Statute of the International Criminal Court. Den Haag

ICHRP, 2002: Human Rights Crises. NGO Responses to Military Interventions. Genf

ICHRP, 2003: Deserving Trust. Issues of Accountability for Human Rights NGOs. A Draft Report for Consultation. Genf

ICISS, 2001: The Responsibility to Protect. Report Commissioned by the Ministry of Foreign Affairs of Canada. Ottawa

ICRC (Hg.), 2000: War, Money and Survival. FORUM 2000. Genf

IFRC, 1996: The Principles and Rules for Red Cross and Red Crescent Disaster Relief. International Review of the Red Cross 310. S. 55-130

IFRC, 2003: World Disasters Report. Focus on Ethics in Aid. Genf

Ignatieff Michael, 1998: The Stories We Tell: Television and Humanitarian Aid. In: Moore Jonathan (Hg.): Hard Choices. Moral Dilemmas in Humanitarian Intervention. Lanham. S. 287-302

Ignatieff Michael, 2000: Die Zivilisierung des Krieges. Ethnische Konflikte, Menschenrechte, Medien. Hamburg

International Alert, 2001: The Politicisation of Humanitarian Action and Staff Security: The Use of Private Security Companies by Humanitarian Agencies. A Summary Report on an International Workshop at the Tufts University, 23/24.April 2001, Boston

IPCC, 2001: Climate Change 2001: Synthesis Report. Genf

Isbister Roy, 2000: Humanitarian Intervention: Ethical Endeavours and the Politics of Interest. ISIS Briefing Paper. London

Iten Oswalt, 2002: Kabul erlebt seinen ersten „Goldrausch". NZZ am Sonntag, 16. Juni 2002

iz3w (Hg.), 2000: Katastrophal neutral – Nothilfe und „humanitäre" Intervention. Blätter des iz3w 248. S. 18-35

Jackson Robert H., 1990: Quasistates: Sovereignty, International Relations and the Third World. Cambridge

Jean François, Rufin Jean-Christophe (Hg.), 1999: Ökonomie der Bürgerkriege. Hamburg

JEEAR (Hg.), 1996: The International Response to Conflict and Genocide: Lessons from the Rwanda Experience. 5 Studies. Kopenhagen

Kagan Robert, 2002: Power and Weakness. Policy Review 113, Juni/Juli 2002.

Kaplan Robert D., 1994: The Coming Anarchy. How Scarcity, Crime, Overpopulation, Tribalism, and Disease are Rapidly Destroying the Social Fabric of Our Planet. The Atlantic Monthly 273 (2). S. 44-76

Kappeler Beat, 2004: Die Armee des 21. Jahrhunderts ist privat. NZZ am Sonntag, 4. Januar 2004

Keckeis Christophe, 2003: Sicherheitslage erfordert Neuausrichtung. Verlagerungen im Aufgabenspektrum der Armee. NZZ, 15. September 2003

Kenny Karen, 2000: When Needs are Rights: An Overview of UN Efforts to Integrate Human Rights in Humanitarian Action. Occasional Paper No. 38 of the Thomas J. Watson Jr. Institute for International Studies. Providence

Kesselring Thomas, 2003: Ethik der Entwicklungspolitik. Gerechtigkeit im Zeitalter der Globalisierung. München

Khogali Hisham, 2002: Natural Disaster, Political Failure. Humanitarian Exchange 22. S. 2-4

Knaup Horand, 1996: Hilfe, die Helfer kommen. Karitative Organisationen im Wettbewerb um Spenden und Katastrophen. München

Knaup Horand, 1997: Politiker, Militärs, Hilfswerke, Medien – Sie alle nutzen die „humanitäre Hilfe" für ihre eigenen Ziele. Badische Zeitung, 12. September 1997

Lancaster Warren, 1998: The Code of Conduct: Whose Code, Whose Conduct? The Journal of Humanitarian Assistance, Article 038. www.jha.ac/articles/a038.htm

Leader Nicholas, 2000: The Politics of Principle: The Principles of Humanitarian Action in Practice. HPG Report 2. London

Leader Nicholas, Macrae Joanna (Hg.), 2000: Terms of Engagement: Conditions and Conditionality in Humanitarian Action. Report of a Conference Organised by the Overseas Development Institute and the Centre for Humanitarian Dialogue, Geneva, 3rd–4th May 2000. HPG Report 6. London

Le Billon Philippe, 2000a: The Political Economy of War. Humanitarian Practice Network Paper 33. S. 1-39

139

Le Billon Philippe, 2000b: The Political Economy of War: An Annotated Bibliography. HPG Report 1. London

Lëtzebuerger Arméi, 2005: L'armée aujourd'hui. www.armee.lu/index2.html (1. Juli 2005)

Lezzi Bruno, 2004: Ein neuer Rahmen für die Militärkooperation. NZZ, 10. Februar 2004

Lieser Jürgen, 2002: Sind Hilfsorganisationen überflüssig? Die Rolle der Hilfsorganisationen im Spannungsfeld zwischen Politik und Hilfe. In: Eberwein Wolf-Dieter, Runge Peter (Hg.): Humanitäre Hilfe statt Politik? Neue Herausforderungen für ein altes Politikfeld. Berlin. S. 90-110

Lieser Jürgen, 2003: Wer helfen will, darf sich nicht vom Militär schützen lassen. die tageszeitung, 29. Oktober 2003

Lieser Jürgen, Runge Peter, 2003: Bundeswehr und humanitäre Hilfe? Die Truppe auf der Suche nach einem neuen Auftrag. Zeitschrift Entwicklungspolitik 16/17/2003

Lilly Damian, 2002: Private Military Companies: Options for Regulation. An Official International Alert Statement on a Green Paper by the Foreign and Commonwealth Office, Juni 2002, London

Livingston Steven, 1997: Clarifying the CNN Effect: An Examination of Media Effects According to Type of Military Intervention. A Research Paper of the Joan Shorenstein Center on Press, Politics and Public Policy, John F. Kennedy School of Government. Cambridge MA

Loane Geoff, Schümer Tanja, 2000: The Wider Impact of Humanitarian Assistance. The Case of Sudan and the Implications for European Union Policy. Baden-Baden

Loeffel Urs, 2004: Unterstützung humanitärer Hilfeleistungen durch die Armee. ASMZ 1/2004. S. 24

MacFarlane Neil, 2000: Politics and Humanitarian Action. Occasional Paper No. 41 of the Thomas J. Watson Jr. Institute for International Studies. Providence

MacFarlane Neil, 2001: Humanitarian Action: The Conflict Connection. Occasional Paper No. 43 of the Thomas J. Watson Jr. Institute for International Studies. Providence

Mackintosh Kate, 2000: The Principles of Humanitarian Action in International Humanitarian Law. HPG Report 5. London

Macrae Joanna (Hg.), 2002: The New Humanitarianisms: A Review of Trends in Global Humanitarian Action. HPG Report 11. London

Macrae Joanna, Harmer Adele (Hg.), 2003: Humanitarian Action and the „Global War on Terror": A Review of Trends and Issues. HPG Report 14. London

Macrae Joanna, Leader Nicholas, 2000: Shifting Sands: The Search for „Coherence" between Political and Humanitarian Responses to Complex Emergencies. HPG Report 8. London

Macrae Joanna, Leader Nicholas, 2001: Apples, Pears, and Porridge: The Origins and Impact of the Search for „Coherence" between Humanitarian and

Political Responses to Chronic Political Emergencies. Disasters, 25 (4). S. 290-307

Macrae Joanna, Leader Nicholas, 2002: Auf der Suche nach Kohärenz zwischen humanitären und politischen Antworten auf chronische politische Notlagen. In: Eberwein Wolf-Dieter, Runge Peter (Hg.): Humanitäre Hilfe statt Politik? Neue Herausforderungen für ein altes Politikfeld. Berlin. S. 113-147

MAE, Coopération au Développement et Action humanitaire, 1999: La coopération luxembourgeoise au développement – Rapport annuel 1998. Luxemburg

MAE, Coopération au Développement et Action humanitaire, 2000: La coopération luxembourgeoise au développement – Rapport annuel 1999. Luxemburg

MAE, Coopération au Développement et Action humanitaire, 2001: La coopération luxembourgeoise au développement – Rapport annuel 2000. Luxemburg

MAE, Coopération au Développement et Action humanitaire, 2002: La coopération luxembourgeoise au développement – Rapport annuel 2001. Luxemburg

MAE, Coopération au Développement et Action humanitaire, 2003: La coopération luxembourgeoise au développement – Rapport annuel 2002. Luxemburg

MAE, Coopération au Développement et Action humanitaire, 2004: La coopération luxembourgeoise au développement – Rapport annuel 2003. Luxemburg

Mahony Liam, 2001: Military Intervention in Human Rights Crises: Responses and Dilemmas for the Human Rights Movement. Background Paper Prepared for the Meeting on Military Intervention and Human Rights of the International Council on Human Rights Policy, März 2001, Genf

Mauss Marcel, 1923/1924: Essai sur le Don, forme et raison de l'échange dans les sociétés archaïques. L'année sociologique 1

medico international, 2003: Macht und Ohnmacht der Hilfe – Eine Dokumentation über die Krise humanitären Handelns. medico Report 25. Frankfurt a.M.

Menzel Ulrich, 2003: Afrika oder: Das neue Mittelalter. Blätter für deutsche und internationale Politik 9/03. S. 1060-1069

Messner Dirk, Nuscheler Franz (Hg.), 1996: Weltkonferenzen und Weltberichte. Ein Wegweiser durch die internationale Diskussion. Bonn

Michel Louis, 2004: Vortrag anlässlich der ECHO Partnerkonferenz, 6.–7. Dezember 2004, Brüssel

Migdal Joel S., 1988: Strong Societies and Weak States. Princeton

Minear Larry, 1999: The Theory and Practice of Neutrality: Some Thoughts on the Tensions. International Review of the Red Cross 833. S. 63-71

Minear Larry, 2002: The Humanitarian Enterprise: Dilemmas and Discoveries. Bloomfield

Minear Larry, Scott Colin, Weiss Thomas G., 1996: The News Media, Civil War, and Humanitarian Action. Boulder, London

Moisy Claude, 1996: The Foreign News Flow in the Information Age. A Research Paper of the Joan Shorenstein Center on Press, Politics and Public Policy, John F. Kennedy School of Government. Cambridge MA

Moore Jonathan (Hg.), 1998: Hard Choices. Moral Dilemmas in Humanitarian Intervention. Lanham

Moore Jonathan, 1999: The Humanitarian-Development Gap. International Review of the Red Cross 833. S. 103-107

Mugglin Markus, 2003: Blutdiamanten: Etappenziel erreicht. Schweiz Global (3). S. 30-32

Mükke Lutz, 2003: Der inszenierte Hunger. Die Zeit, 16. April 2003

Müller Jochen, 2000: Das Böse ist immer und überall. Über die Neutralität der Nothilfe. Blätter des iz3w 248. S. 20-21

Münkler Herfried, 2002: Die neuen Kriege. Reinbek

Münkler Herfried, 2004: Terrorismus heute – Die Asymmetrisierung des Krieges. Internationale Politik, 59. Jahr (2). S. 1-11

NATO, 1999: The Alliance's Strategic Concept. Washington DC

NGO VOICE, 2002: EU Framework on Crises Management: What Role for Humanitarian NGOs? Briefing Paper, Mai 2002

NGO VOICE, 2004: EU Crisis Management – A Humanitarian Perspective. Brüssel

NGO VOICE, ECHO, 2003: EU Humanitarian Aid – Challenges Ahead. Report on the NGO Voice – ECHO Conference, Mai 2003, Brüssel

Nielson Poul, 2003a: Iraq is a New Kind of Humanitarian Emergency. Humanitarian Affairs Review, Sommer 2003. S. 38-39

Nielson Poul, 2003b: Vortrag anlässlich des jährlichen ECHO Experten-Seminars, 29. September 2003, Brüssel

OECD, 1998: Civilian and Military Means of Providing and Supporting Humanitarian Assistance during Conflict. Relative Advantages and Costs. A Study Commissioned by the Development Co-operation Directorate. Paris

OECD, 2004: 2003 Development Co-operation Report of the Development Assistance Committee DAC. Paris

Olsen Gorm Rye, Carstensen Nils, Hoyen Kristian, 2003: Funding Humanitarian Crises: Media Attention is as Fickle as a Holiday Romance. Humanitarian Affairs Review, Frühling 2003. S. 44-48

Orlie Melissa, 1997: Living Ethically, Acting Politically. Ithaca, London

Paech Norman, 2003: Interventionsimperialismus. Blätter für deutsche und internationale Politik 10/03. S. 1258-1268

Parry Matthew S., 2002: Phyrric Victories and the Collapse of Humanitarian Principles. The Journal of Humanitarian Assistance, Article 094. www.jha.ac/articles/a094.htm

Perez de Armiño Karlos, 2002: Linking Relief, Rehabilitation, and Development in the Framework of „New Humanitarianism" – A Summary. Brüssel

Pérouse de Montclos Marc-Antoine, 2002: Humanitarian Aid and War Make Dangerous Bedfellows. Humanitarian Affairs Review, Sommer 2002. S. 44-48

Philipps Barnaby, 2000: Biafra: Thirty Years On. BBC News, 13.1.2000. http://news.bbc.co.uk/1/hi/world/africa/596712.stm (1. Juli 2005)

Pictet Jean, 1979: The Fundamental Principles of the Red Cross. Genf

Pirotte Claire, Husson Bernard (Hg.), 1997: Entre urgence et développement – Pratiques humanitaires en question. Paris

Plattner Denise, 1992: Assistance to the Civilian Population: The Development and Present State of International Humanitarian Law. International Review of the Red Cross 288. S. 249-263

Plattner Denise, 1996: ICRC Neutrality and Neutrality in Humanitarian Assistance. International Review of the Red Cross 311. S. 161-179

Pugh Michael, 2002: Like It or Not, Humanitarians Are Political. Humanitarian Affairs Review, Winter 2002. S. 4-7

Ramonet Ignacio, 2002: Kriege des 21. Jahrhunderts. Die Welt vor neuen Bedrohungen. Zürich

Randel Judith, German Tony, 2002: Trends in the Financing of Humanitarian Assistance. In: Macrae Joanna (Hg.): The New Humanitarianisms: A Review of Trends in Global Humanitarian Action. HPG Report 11. London. S. 19-28

Räther Frank, 2004: Entweder Genmais – oder gar nichts. Der Bund, 11. Mai 2004

Reindorp Nicola, 2002: Trends and Challenges in the UN Humanitarian System. In: Macrae Joanna (Hg.): The New Humanitarianisms: A Review of Trends in Global Humanitarian Action. HPG Report 11. London. S. 29-38

Renner Michael, 2000: Alternative Futures in War and Conflict. Naval War College Review, Herbst 2000. S. 25-56

Rieff David, 2002: A Bed for the Night. Humanitarianism in Crisis. London

Ritter Henning, 2004: Nahes und fernes Unglück. Versuch über das Mitleid. München

Roberts Adam, 1996: Humanitarian Action in War – Aid, Protection and Impartiality in a Policy Vacuum. Oxford

Roberts Adam, 1999: The Role of Humanitarian Issues in International Politics in the 1990s. International Review of the Red Cross 833. S. 19-43

Roberts Adam, 2000: Humanitarian Issues and Agencies as Triggers for International Military Action. International Review of the Red Cross 839. S. 673-698

Rona Gabor, 2003: Interesting Times for International Humanitarian Law: Challenges from the „War on Terror". Fletcher Forum of World Affairs 27 (2). S. 55-74

Rosenberg Monika, 1999: Vorzeitige Rückkehr der Super-Pumas. Abschluss des Einsatzes in Albanien. NZZ, 14. Juli 1999

Rosenthal Bertrand, 2000: Humanitarian Aid for Ethiopia May Promote War, not Peace. AFP, 25. April 2000

Ross Steven S., 2004: Toward New Understandings: Journalists & Humanitarian Relief Coverage. San Francisco

Rotberg Robert I., Weiss Thomas G. (Hg.), 1996: From Massacre to Genocide. The Media, Public Policy, and Humanitarian Crises. Washington D.C., Cambridge MA

Rüesch Andreas, 2004: Heikles „Outsourcing" der US-Geheimdienste. NZZ, 11. Mai 2004

Rufin Jean-Christophe, 1986: Le piège, quand l'aide humanitaire remplace la guerre. Paris

Rufin Jean-Christophe, 2000: The Economics of War: A New Theory for Armed Conflicts. In: ICRC (Hg.): War, Money and Survival. FORUM 2000. Genf. S. 22-27

Ryfman Philippe, 1999: La question humanitaire. Histoire, problématiques, acteurs et enjeux de l'aide humanitaire internationale. Paris

Ryniker Anne, 2001: The ICRC's Position on „Humanitarian Intervention". International Review of the Red Cross 842. S. 527-532

Sandoz Yves, 1992: „Droit" or „devoir d'ingérence" and the Right to Assistance: The Issues Involved. International Review of the Red Cross 288. S. 215-227

Sandoz Yves, 1994: The Right to Intervene on Humanitarian Grounds: Limits and Conditions. An Official ICRC Statement. Public Hearing „on the Right to Humanitarian Intervention" of the Committee of Foreign Affairs and Security of the European Parliament, 25. Januar 1994, Brüssel

Schloms Michael, 2001: Humanitarianism and Peace. On the (Im-)possible Inclusion of Humanitarian Assistance into Peace Building Efforts. The Journal of Humanitarian Assistance, Article 072. www.jha.ac/articles/a072.htm

Schmidt Hajo, 1996: Menschenrechte und militärische Gewalt. Zur ethischen Problematik „humanitärer Intervention". In: Debiel Tobias, Nuscheler Franz (Hg.): Der neue Interventionismus. Humanitäre Einmischung zwischen Anspruch und Wirklichkeit. Bonn. S. 103-126

SCHR, 2002: Position Paper on Humanitarian-Military Relations in the Provision of Humanitarian Assistance. Genf

SDA, 2001: Pentagon bedauert Verwechslung von Streubomben und Hilfspaketen. 1. November 2001

Sheik Mani et al., 2000: Deaths Among Humanitarian Workers. British Medical Journal, Juli 2005. S. 166-168

Siegel Adam B., 2002: Civil-Military Marriage Counseling: Can This Union Be Saved? The Journal of Humanitarian Assistance, Article 140. www.jha.ac/articles/a140.htm

Siegel Adam B., 2003: Why the Military Think that Aid Workers Are Over-Paid and Under-Stretched. Humanitarian Affairs Review, Winter 2003. S. 52-55

Simpson Erika, 2002: The Responsibility to Protect: A Seminar on the Report of the International Commission on Intervention and State Sovereignty. Canadian Pugwash Group Workshop. Toronto

Singer Peter W., 2003: Corporate Warriors. The Rise of the Privatized Military Industry. Ithaca

Singer Peter W., 2004: „Der Krieg wird an Private ausgelagert". Ein Interview. NZZ am Sonntag, 7. November 2004

Slim Hugo, 1997: Positioning Humanitarianism in War: Principles of Neutrality, Impartiality and Solidarity. Development in Practice 7 (4). S 342-352

Slim Hugo, 1998: Sharing a Universal Ethic: The Principle of Humanity in War. International Journal of Human Rights 2 (4). S. 28-48

Slim Hugo, 2001: Military Intervention to Protect Human Rights: The Humanitarian Agency Perspective. Background Paper Prepared for the Meeting on Military Intervention and Human Rights of the International Council on Human Rights Policy, März 2001, Genf

Slim Hugo, 2002: By What Authority? The Legitimacy and Accountability of Non-governmental Organisations. The Journal of Humanitarian Assistance, Article 082. www.jha.ac/articles/a082.htm

Slim Hugo, 2003a: The Church, Military Forces and Humanitarian Identity in War. Background Paper Prepared for the Caritas Internationalis Humanitarian Seminar „Relations with the Military", 4.–5. Dezember 2003, Rom

Slim Hugo, 2003b: Humanitarianism with Borders? NGOs, Belligerent Military Forces and Humanitarian Action. The Journal of Humanitarian Assistance, Article 118. www.jha.ac/articles/a118.htm

Sommaruga Cornelio, 1998: Relationship between Humanitarian Action and Political-Military Action. An Official ICRC Statement. International Symposium, 9.–11. Februar 1998, Brüssel

Sommers Marc, 2000: The Dynamics of Coordination. Occasional Paper No. 40 of the Thomas J. Watson Jr. Institute for International Studies. Providence

Sphere Project, 2004: The Sphere Project – Humanitarian Charter and Minimum Standarts in Disaster Response. Genf

Spillmann Markus, 2003: Wenn Helfer zu Opfern werden. NZZ am Sonntag, 2. November 2003

Stoddard Abby, 2002: Trends in US Humanitarian Policy. In: Macrae Joanna (Hg.): The New Humanitarianisms: A Review of Trends in Global Humanitarian Action. HPG Report 11. London. S. 39-49

Studer Meinrad, 2001: The ICRC and Civil-Military Relations in Armed Conflict. International Review of the Red Cross 842. S. 367-391

Tanguy Joelle, 2000: When Intervening in the Name of Humanity, Be Cautious. Public Affairs Report 41 (1). S. 1, 9-10

Tauxe Jean-Daniel, 2000: The ICRC and Civil-Military Cooperation in Situations of Armed Conflict. An Official ICRC Statement. 45. Rose-Roth Seminar, 2. März 2000, Montreux

Terry Fiona, 2002: Condemned to Repeat? The Paradox of Humanitarian Action. Ithaca, London

Tomlinson R. K., 2000: Reversing the Downwards Spiral: Exploring Cultural Dissonance between the Military and NGOs on Humanitarian Operations. Dissertation Submitted at the Royal Military College of Science. Cranfield

Traynor Ian, 2003: The Privatisation of War. The Guardian, 10. Dezember 2003

UN, 1945: Charter of the United Nations. New York. www.un.org./aboutun/charter

UN, 2000: United Nations Millenium Declaration („Millennium Development Goals"). Resolution 55/2 Adopted by the General Assembly, 18. September 2000, New York

UN, 2003: General Guidance for Interaction between United Nations Personnel and Military and Civilian Representatives of the Occupying Power in Iraq, 8. Mai 2003. Genf

UN, 2004: A More Secure World – Our Shared Responsibility. Report of the Secretary-General's High-Level Panel on Threats, Challenges and Change. New York

UNDHA, 1994: Guidelines on the Use of Military and Civil Defence Assets in Disaster Relief. Genf

UNDP, 2001: Gender Approaches in Conflict and Post-conflict Situations. New York

USCCB, 1993: The Harvest of Justice is Sown in Peace. A Reflection. Washington DC

USNRC, 2003: Dirty Bombs. A USNRC Factsheet. www.nrc.gov/reading-rm/doc-collections/fact-sheets/dirty-bombs.pdf (1. Juli 2005)

Uvin Peter, 2002: On High Moral Ground: The Incorporation of Human Rights by the Development Enterprise. Praxis – The Fletcher Journal of Development Studies XVII

van Creveld Martin, 1998: Die Zukunft des Krieges. München

van Creveld Martin, 2000: Through a Glass, Darkly. Some Reflections on the Future of War. Naval War College Review, Herbst 2000. S. 25-44

van Dok Geert, 1998: Good Governance – vom Papiertiger zum Hoffnungsträger? Kritische Anmerkungen zum Erfolg eines aussenpolitischen Konzeptes. Diskussionspapier 6. Luzern

van Dok Geert, Staudinger Erika, 2003: Weltinnenpolitik. Entwicklungspolitische Herausforderungen an das 21. Jahrhundert. Positionspapier 10. Luzern

Vanoni Bruno, 2004: Der Architekt einer neuen Politik geht „nach Hause" zur Uno. Tages-Anzeiger, 22. Mai 2004. S. 4

Vaux Tony et al., 2002: Humanitarian Action and Private Security Companies. Opening the Debate. A Research Paper. London

VENRO, 2003: Streitkräfte als humanitäre Helfer. Möglichkeiten und Grenzen der Zusammenarbeit von Hilfsorganisationen und Streitkräften in der humanitären Hilfe. Ein VENRO-Positionspapier. Bonn, Mai 2003

Vogel Tobias, 1996: The Politics of Humanitarian Intervention. The Journal of Humanitarian Assistance, Article 011. www.jha.ac/articles/a011.htm

Volmer Ludger, 2002: Die humanitäre Hilfe der Bundesregierung: Außenpolitisches Instrument oder Politikersatz? In: Eberwein Wolf-Dieter, Runge Peter (Hg.): Humanitäre Hilfe statt Politik? Neue Herausforderungen für ein altes Politikfeld. Berlin. S. 53-59

von Pilar Ulrike, 2002: Die Instrumentalisierung der humanitären Hilfe. In: Eberwein Wolf-Dieter, Runge Peter (Hg.): Humanitäre Hilfe statt Politik? Neue Herausforderungen für ein altes Politikfeld. Berlin. S. 163-188

Warner Daniel, 1999: The Politics of the Political/Humanitarian Divide. International Review of the Red Cross 833. S. 109-118

Watts Jonathan, 2003: North Korea is Slowly Starving. Yet It Won't Reveal its Pain. The Observer, 7. Dezember 2003

Weiss Thomas G., 1996: Humanitäre Intervention. Lehren aus der Vergangenheit, Konsequenzen für die Zukunft. In: Debiel Tobias, Nuscheler Franz (Hg.): Der neue Interventionismus. Humanitäre Einmischung zwischen Anspruch und Wirklichkeit. Bonn. S. 53-75

Weiss Thomas G., 1999a: Military-Civilian Interactions. Intervening in Humanitarian Crises. Lanham, Oxford

Weiss Thomas G., 1999b: Principle, Politics, and Humanitarian Action. Ethics and International Affairs 13. S. 1-21

Weiss Thomas G., Collins Cindy, 1996: Humanitarian Challenges and Intervention. World Politics and the Dilemmas of Help. Oxford, Boulder

Weller Marc, 1997: The Relativity of Humanitarian Neutrality and Impartiality. The Journal of Humanitarian Assistance, Article 029. www.jha.ac/articles/a029.htm

Wheeler Nicholas J., 2004: The Norm of Humanitarian Intervention After Iraq. Paper Submitted at the United Nations University Conference on „Iraq and World Order: Structural and Normative Challenges", 17.–18. August 2004, Bangkok

Abkürzungen

AFP	Agence France-Presse
AIDS/HIV	Acquired Immunodeficiency Syndrome/Human Immunodeficiency Virus
ASMZ	Allgemeine Schweizerische Militärzeitschrift
BBC	British Broadcasting Company
BBl	Bundesblatt der Schweizerischen Eidgenossenschaft
BMJ	British Medical Journal
BMVg	Bundesministerium für Verteidigung der Bundesrepublik Deutschland
CAFOD	Catholic Agency for Overseas Development
CE	Caritas Europa
CI	Caritas Internationalis
CIA	Central Intelligence Agency
CMIC	Civil-Military Cooperation
CNN	Cable News Network
CRED	Centre for Research on the Epidemiology of Disasters
CSSR	Tschechoslowakische Sozialistische Republik
CSV	Chrëschtlech Sozial Vollkespartei
DAC	Development Assistance Committee der OECD
DCV	Deutscher Caritas Verband
DEZA	Direktion für Entwicklung und Zusammenarbeit
DFID	Department for International Development
DP	Demokratesch Partei
DPA	Deutsche Presse Agentur
DRK	Deutsches Rotes Kreuz
ECHO	Humanitarian Aid Department of the European Commission
EDA	Eidgenössisches Departement für auswärtige Angelegenheiten
EU	Europäische Union

Expats	Expatriates
GRIP	Groupe de recherche et d'information sur la paix et la sécurité
GUS	Gemeinschaft Unabhängiger Staaten
GVO	Gentechnisch veränderte Organismen
HDC	Centre for Humanitarian Dialogue
HH	Humanitäre Hilfe
HPCR	Harvard Program on Humanitarian Policy and Conflict Research
HPG	Humanitarian Policy Group, ODI
IASC	Inter-Agency Standing Committee
ICBL	International Campaign to Ban Landmines
ICC	International Criminal Court
ICHRP	International Council on Human Rights Policy
ICISS	International Commission on Intervention and State Sovereignty
ICRC / IKRK	International Committee of the Red Cross/ Internationales Komitee vom Roten Kreuz
IFRC	International Federation of the Red Cross and Red Crescent Societies
IHL	International Humanitarian Law
IPCC	Intergovernmental Panel on Climate Change
ISIS	International Security Information Service
iz3w	Informationszentrum 3. Welt
JEEAR	Joint Evaluation of Emergency Assistance to Rwanda
MAE	Ministère des Affaires Etrangères
MSF	Médecins sans frontières
NATO	North Atlantic Treaty Organisation
NGO / NRO	Non-Governmental Organisation/ Nichtregierungsorganisation
NGO VOICE	Voluntary Organisations in Cooperation in Emergencies
NRF	NATO Response Force
NZZ	Neue Zürcher Zeitung
OCHA	Office for Coordination of Humanitarian Affairs

149

ODA	Official Development Assistance
ODI	Overseas Development Institute
OECD	Organization for Economic Cooperation and Development
PMC	Private Military Companies
PRT	Provincial Reconstruction Team
PSC	Private Security Companies
RedR	Registered Engineers for Disaster Relief
RRN	Relief and Rehabilitation Network, ODI
SCHR	Steering Committee for Humanitarian Response
SDA	Schweizerische Depeschenagentur
seco	Staatssekretariat für Wirtschaft
SKH	Schweizerisches Korps für humanitäre Hilfe
SR	Systematische Sammlung des Bundesrechts der Schweizerischen Eidgenossenschaft
UdSSR	Union der Sozialistischen Sowjetrepubliken
UK	United Kingdom
UN	United Nations
UNAIDS	Joint United Nations Programme on HIV/Aids
UNDHA	United Nations Department of Humanitarian Affairs
UNDP	United Nations Development Programme
UNHCR	United Nations High Commissioner for Refugees
UNICEF	United Nations Children's Fund
UNO	United Nations Organization
UNRWA	United Nations Relief and Works Agency for Palestine Refugees
US/USA	United States of America
USAID	United States Agency for International Development
USCCB	United States Conference of Catholic Bishops
USNRC	United States Nuclear Regulatory Commission
UXO	Unexploded Ordonance
VENRO	Verband Entwicklungspolitik deutscher Nichtregierungsorganisationen
WFP	United Nations World Food Programme

W. Gerstner, J. Kniffki,
C. Reutlinger, J. Zychlinski (Hrsg.)

Deutschland als
Entwicklungsland

Sozialräumliches
Arbeiten nach der Flut

Lambertus

Wolfgang Gerstner, Johannes Kniffki, Christian Reutlinger, Jan Zychlinski
(Hrsg.)

Deutschland als Entwicklungsland

Sozialräumliches Arbeiten nach der Flut
caritas international – brennpunkte
2006, ca. 290 Seiten
ca. Euro 30,00/SFr 50,50
ISBN-10: 3-7841-1651-5
ISBN-13: 978-3-7841-1651-8

Gesellschaftliche Veränderungen, wie sie in hoher Dynamik in allen Bereichen ablaufen, lassen sich immer weniger mit den Instrumentarien des historisch entstandenen Wohlfahrtsstaatsmodells – und den von ihm abgeleiteten Methoden und Instrumenten – bewältigen, geschweige denn gestalten. Für die Soziale Arbeit und ihre Organisationen erwächst daraus eine neue Rolle. Diese ist unmittelbar mit einem neuen Rollenverständnis als gesellschaftliche Akteure verbunden.

Die Auseinandersetzung des in diesem Buch vorgestellten Arbeitsansatzes mit solidarischem Handeln als gesellschaftliche Ressource fand ihren Anfang mit der Jahrhundertflut an der Elbe im August 2002. Im Rahmen des Hilfsprogramms von Caritas international sind Pilotprojekte des sozialräumlichen Arbeitens entstanden. Bezüge zu der in Ostdeutschland latenten sozialen Krise von Arbeitslosigkeit, Abwanderung, Rückbau der Städte wurden darin aufgenommen. Der Begriff der Sozialen Entwicklung wurde aufgegriffen und der Fokus weg von der institutionalisierten Logik wohlfahrtsstaatlicher und auf das Individuum konzentrierter Interventionen hin zu den alltäglichen Bewältigungsleistungen und Gestaltungspotentialen „normaler Menschen" – in Abgrenzung zu abstrakten Wirkungszusammenhängen beziehungsweise politischen Akteuren – gelenkt.

Die Erfahrungen werden hier aus unterschiedlichen Blickwinkeln der Projektplaner, der wissenschaftlichen Begleitung und dem Beobachterblick von außen dargestellt und für Praktiker aufgearbeitet.